大学４年の春、先生、矢原さんと伊豆大島へ

マイヨールの手は大きく温かかった

いつでもどこでもカメラ目線は忘れない

静かな午後、パパは興奮、娘はまったり

海で泣いた　海で笑った

川上千秋

文芸社

海で泣いた　海で笑った　目次

序章　すべてはこの海から始まった

時々、海を見に行く。

自転車をゆっくりこぐこと数分、とても気持ちのいい砂浜がある。海の向こうには房総半島の山々。私はこの場所が大好きだ。波の音を聞きながら胸一杯に海の空気を吸い込むと、全身の細胞が透明に近いブルーになるような感じがする。傷ついた部分はいえ、渇いた部分は潤い、眠っていた部分は目覚める、そんな感じもする。

ふと気がつくと、東京湾フェリーが港を出るところだった。

懐かしさが甦った。

大学一年の夏、私はこのフェリーに乗って東京湾を渡り、対岸の岩井海岸で青春時代の夢を変えてもいいと思える経験をした。実際それは、私のその後の人生を大きく変えた。沖に向かうフェリーの航跡をぼんやりと眺めながら、十数年前のできごとを昨日のことのように思い出していた。

当時、私は心身ともにとても疲れていて、その場で足踏みをしたきりちっとも前に進めないでいた。完全に焦点を見失っていた。本当につらい時期だった。それをいやし、進むべき道を示してくれたのが岩井の海だった。大きなエネルギーを全身で受け止めた私は、その恍惚感の中でスキューバダイビングをやろうと思った。ずっと前からそうなることが約束されていたかのように、あるいは帰るべきところにやっと帰ってきたかのように、私はダイビングと出会って安心した。見えない力に背中をトンと押された不思議な感覚を今でもはっきりと思い出すことができる。

すべてはこの海から始まった。

海はすばらしい出会いももたらしてくれた。正確に計ったかのようなタイミングで近藤先生と出会い、車椅子の邦ちゃんと出会い、私たちはいつも一緒に潜っていた。邦ちゃんが海で夢を叶えるまでの軌跡は、まるで小さなともしびを掲げ手探りで歩を進めるということの連続だったが、それは同時に私の青春そのものとも言える貴重な体験だった。その後も当時の足跡が消えないようにと多くの仲間が心と手をつなぎ、もう手探りではない確かな道を築きつつある。

そうだ、あの夏のできごとをもう一度思い出してみよう。あの頃の記憶を辿ってみよう。ダイビングに魅せられ、泣いたり笑ったりしながら夢中で潜っていた頃の遠くて近い記憶を。誰のためでもなく、何のためでもなく、自分のヒストリーを単純に懐かしんでみようと思った。

それが思いがけずまた新たな力になるかもしれないから……。

一章　出会い

ミスター・ダイビング

今でも考えることがある。

もしもあの時〝ミスター・ダイビング〟と出会っていなかったら、私は一体どんな青春を送っていたのだろうか……と。

一九八八年、私は東海大学に入学した。バレーボールで大学日本一になりたいという大きな目標があった。父の影響で小学生の頃からバレーボール一筋できたので、大学でその夢を叶えることはある意味で若き日の集大成であると思っていたのだ。ケガさえしなければきっと叶う、と自分の力を信じていた。体育会独特の上下関係に戸惑いながらも、自分が強く望んだ環境での練習や生活にかなりのエネルギーを注ぎ、厳しい枠の中でそれを楽しんでもいた。順調なスタートだった。

古傷の痛みとともに不吉な予感を覚えたのは、まだ入学してまもない新緑が眩しい頃だった。突然右足首と腰が悲鳴をあげた。高校時代に負ったケガなので古傷と呼ぶほど古くはないが、確かに記憶の中にあるイヤな感覚だった。痛みに対して「コラ黙れ！　鎮まれ！」と言いながら何とか練習は続けていたのだが、自慢のジャンプ力は日に日に落ちていった。でも、だからといってバレーボールをやめようと考えたことはなかった。体育会の選手は誰もがどこかしらに大小の故障を抱えている。私のケガも決して特別なことではなく、この世界の常識、私もその中のひとりにすぎないと単純に思っていた。今までもそうやってきたのだ。とは言っても、バレー部には実力と実績のある選手が多く集まっている。上級生になってもまた新人がどんどん入ってくる。こんな深刻な故障を抱えていてサバイバルに勝てるのかという不安は拭い切れず、悶々としていた。

五月の連休明けから水泳の授業が始まった。海や水は大好きだったが、北国育ちの私は水泳が苦手だった。子供の頃にしっかりと泳ぎを教わった経験もなく、授業は高校時代に少しやっただけ。まるっきり自己流でクロールや平泳ぎのまねごとをしていたにすぎなかった。それでも息継ぎをしながら何とか前に進んでいたので、まったくのカナヅチでもなかった。水の中で自由に遊ぶことはすばらしく楽しいことだったが、プールでスタート台から一斉に飛び込んでその速さを人と競ったり、泳法やタイムをチェックされる競泳はどうも好きになれなかった。だから体育学部必修の水泳の授業も楽しみ二割、憂鬱八割、そば粉の割合ではないが気分は二八《ニッパチ》だった。

プールでの実技が始まった。

「ウー、お腹が痛い。頭が痛い」

体育嫌いの子供の心理を私は身をもって学ぶハメになった。

東海大学湘南校舎のプールは、今でこそ温水シャワー採暖ルーム付きの年中ぬくぬく室内プール（二十五メートル）になっているが、当時は泣く子も黙る冷水シャワー付きの屋外青空プール（五十メートル）だった。五月下旬、気温は上がってきたとはいえ、剥き出しのプールはまだ寒かった。冷たい水から上がっても追い討ちをかけるように濡れた体に風が吹きつける。皮下脂肪が極端に少ない陸上部長距離選手などは、いつも寒さで筋肉が痙攣していた。蜂に刺されて大騒ぎした友人もいる。よほど寒さに鈍感でない限り、みんな揃って唇を青くして全身に鳥肌を立て、ぶるぶる震えながら泳いでいた。天井がないのでどんな大雨が降っても自然の成り行きのままだ。

「ここにあったかい温泉とお汁粉があったら、どんなに幸せだろうねぇ。甘酒もほしいねぇ」

「私は鍋焼きうどん……」

いつもぶつぶつ言いながら、早く時間が過ぎてくれと祈っていた。

学生は泳力別に三つのグループに分けられた。私はあえて言うまでもなく、一番泳ぎが不得手のグループである三班だった。

「オレ、水泳はだめ。すっげぇ遅いよ」

「アタシだって苦手。あー憂鬱……」

クラスメイトたちはシャーシャーとそう言って私を安心させておきながら、実はかなり泳げていたのだ。みんな嘘ばっかし！　「苦手」の定義が私とは根本的に違っていたようだ。

三班の中でも私は特に要注意学生だったらしく、先生方にもすぐに名前を覚えられてしまった。三班の担当は並木先生という大学院を出たばかりの先生だった。水泳選手あがりの並木先生の一掻き一蹴りは、私の五掻き五蹴りに相当するほどのパワーがあった。そんな先生をもってしても、私自身にあまりやる気がなく、寒さに震えながらいかにしてサボるかということばかりを考えている問題学生だったので、水泳の技術的向上は芳しくなかった。それよりもゴーグルを通して見る水の青さ、水面から差し込む光の美しさに心を奪われてボーッとしていることのほうが多かった。

「ずっと息を止めて潜っていたい」

まるで方向性の違う思考の中で、母親の胎内を懐かしむように水に抱かれる姿を本能的に幻想していた。

競泳のテストの日がやってきた。お題は個人メドレー。バタフライ、背泳ぎ、平泳ぎ、クロールの順にそれぞれ二十五メートルずつ泳ぐ。完泳して基準のタイムが切れたら「ハイ合格！」という甘いものではなく、それぞれの泳法もチェックされる。何か判決を下されるようで、私は朝から怯えていた。

「もう、どうでもいいや」

開き直ってプールに飛び込んだ。誰もが予想していた通り、したたか腹を打った。ゴーグルもずれた。今でもそんなに水泳は得意ではないが、当時の私はとにかく信じられないくらいタイムに無頓着で、そして遅かった。結果は当然のごとくタイムとバタフライと平泳ぎを落とし、再テスト組のリストに載ってしまった。

体育学部社会体育学科のカリキュラムには、競泳のほかにボート、ボードセーリング、スキンダイビングの実技も入っていた。私には競泳以外のこれらのことが何よりも楽しみだった。

何週目かにスキンダイビングの非常勤講師として、ダイビング指導団体CMAS（世界水中連盟）のインストラクター、近藤勝三郎先生が紹介された。東海大学海洋学部出身の近藤先生は普段はサラリーマンだが、この時期には社会体育学科の非常勤講師も兼務していた。全身に「私は海が好きです」と書いてあるような雰囲気を持っていて、そういう先入観をナシに考えてもどうもやっぱり先生と山は結びつかない根っからの海男だ。

「私はこれからプールに潜ります。みなさんは水泳、頑張ってください」

学生との対面のあと、先生はそう言ってウェットスーツを着始めた。プールの底で光合成を営む藻と同じグリーンのウェットスーツが鮮やかだった。そしてよく似合っていた。あれを着たらあったかいんだろうなぁ、とうらやましくも思った。私たちは競泳の続き。水の中を見ると、先生は背中にタンクを背負い、口には水中で呼吸ができるらしい何かをくわえ、気泡をゴボゴボ出しながら排水溝付近の掃除をしていた。あれがスキューバダイビング……？　生まれて初めてホンモノのスキューバダイビングを見た。私にもできるかなぁ、一度はやってみたいなぁ……。子供の頃から海が好きで、水に潜ることも好きで、毎日自宅の浴槽に潜っては親に叱られていた私。大人になったら水族館の餌付けのお姉さんのように背中にタンクをくっつけて本当の海に潜ってみたいと思っていた。その頃に漠然と抱いた夢が現実のものとして急に身近になったような気がした。

待ちに待ったスキンダイビングの授業の日、大学の教材であるマスクとシュノーケルとフィンの三点セットを各自持って説明を受けた。先生は安全に関わる注意点をいくつか言ったほかはあれやこれやと細かいことを言わず、自由にのびのびと泳がせて（潜らせて）くれた。マスククリアやシュノーケルクリア（マスク、シュノーケルに入った水を排出すること）をとにかくやってみて、失敗し、その繰り返しの中から体で覚えろという方式らしい。シュノーケルがあるので息継ぎのためにいちいち顔を上げなくてもいいし、またフィンを履くと少しのキックでもグイッと前に進む。泳ぎが上手くなったようなステキな感覚だ。三つのグループが三つの種目を交代でやったがスキンダイビングが一番楽しかった。憂鬱なはずの金曜日も、この時間だけはまさにゴールデンタイムだった。

いつしか先生は、私のクラスの中では〝ミスター・ダイビング〟と呼ばれるようになった。

「ダイビングをやりたいヤツがいたら、いつでも教えてやるよ」

先生の言葉に数人の学生が強く反応した。その気になった数人の中に私もいた。みんなの空き時間を合わせ、スキューバダイビングの学科講習を受けた。

私はこの期に及んでもバレー部の練習のことばかりが気になり、心はいつも体育館方面へ飛んでしまっていた。一年生は午後の授業が終わったら何をおいても体育館に急行することが伝統的お約束だったので、プライベートな趣味のために自分だけが本来の仕事をサボるわけにはいかない。そういう発想自体がタブーだった。もうそろそろ行かなくちゃ……と時計ばかりを気にし、そうでなければ恐れ多くも先生の目の前で居眠りをこいていた。

「この子はいつも疲れているなぁ」

講習に全然集中していない私を見て、先生はこう思っていたらしい。やっぱり学生時代にダイビングをやることは私には無理なのかもしれないと思った。バレーボールで勝つために東海大学へ来たのに、どうしてダイビングをやりたいと思ってしまったのだろう。結局、講習の途中でダイビングとも先生とも疎遠になった。そしてまたバレーボールだけに集中する私に戻った。

が、六月の終わり頃、気候のせいか慢性疲労のせいか、それまですこぶる調子の良かった腰がまたおかしくなり始めた。普段の生活や実技の授業にはほとんど支障はなかったが、コートの中での変調はすぐにわかる。そこにボールが飛んでくることが読めているのに足が動かない。いいトスが上がったのにシャープに打ち切れない。毎日、気持ちの底からイライラしていた。

「このままでは競技選手を続けるのは難しいでしょう」

病院のドクターの声が頭をかすめた。それでも私はまだ跳べる、まだ動ける、まだできる、と自分の力を信じて体育館にすがりついていた。

いやしの海

七月初め、岩井海岸で社会体育学科の水泳実習が行われた。電車やバスを乗り継ぎ久里浜港から東京湾フェリーに乗って現地入りした。途中要所要所でクラスメイトたちと一緒になったのでフェリーに乗る頃には大きな集団になっていた。泳ぎに関してはまったく不安だらけだったが、私は水泳実習が楽しみでならなかった。この期間は正当な理由で堂々と練習を休めるからだ。

朝、海岸に集まり、砂の上で目覚まし体操、朝食後は主に遠泳、午後は日替わりで水上スポーツ、夜は夜でギリギリまで騒いだあと、力尽きた者から倒れるように熟睡体勢に入る。

泳いで騒いで食べて寝て、心身ともにまことに健康的な四泊五日だった。毎日の練習に疲れ、ケガに悩んでいたので、このパワーあふれる実習はとても開放的で、最高の気分転換になった。事実、実習中は体のどこにも痛みや違和感を感じなかった。

岩井の実習では三つのグループをさらに細かく六つに分け、やはり私は最も下のクラスである六班だった。しかもジャンケンに負けて班長にさせられた。担当はプールの時と同じく並木先生だった。

実習のメインイベントは遠泳だ。我が六班も果敢に挑み、そして全員泳ぎきった。お祭り騒ぎのようにそれぞれが喜びを表現した。もっと泳げるぞ、と思うほど体力的にも精神的にも余裕があった。若い並木先生も教育者としての自信を持ったことだろう。うれしかった。私にもできたんだ！　泣く予定ではなかったが、周りの雰囲気に飲まれて私は少し泣いてしまった。じわーっと湧いてくる涙を髪の毛から滴る海水でごまかし、海に向かって「どうもありがとう」と声を出さずに言った。私は自分の力だけで泳いだとは少しも思っていない。あの時は呼吸が楽にできるように、体が水中に沈まないように、何かが守ってくれていたような気がする。「海水だからだ！」「浮力があるからだ！」と言われたらそれまでなのだが、それは確かな感覚だった。岩井の海は暖かい毛布のようで、「あったかいお汁粉を……」とか「鍋焼きうどんを持ってこい！」とほざく者はここでは誰もいなかった。

早々から勢いづいたおかげでスキンダイビングもより楽しいものになった。マスクとシュノーケルとフィンをつけた格好でほとんど水面に浮いていたが、私にはそれだけで十分だった。好きな時にだけちょっと潜ってみる。それは誰の指図でも命令でもなく、まして義務やノルマでもなく、まったく本人の自由な意思で決定できることだった。気合を入れてガンガン潜らなくても、減点されたり勝負に負けたりすることもない。こんなところに何だかたとえようのない、とてつもない魅力を感じ始めていた。

ダイビング担当の学生助手にマキさんという先輩がいた。とてもきれいな人で、バレー部の私よりも背が高く、黒一色の漁師のようなウェットスーツがよく似合っていた。マキさんはとてもやさしい人だった。たぶん水泳が苦手な問題学生がいるということを先生方から聞いていたのだろう。スキンダイビングの時も何かと気にかけてくれ、でも決して無理強いはせず、さりげなく私を見守ってくれた。

先生にタイヤチューブでできた浮き輪を襷にかけられて、水面の華と化していた私はみんなの笑いの的にされた。私自身も大いに笑った。こんなに腹の底から力強く笑ったのは久しぶりだと思った。

実習最後の夜、泊まっていた民宿『大謙館』の中庭にみんながフラフラと集まってきた。手にはクラスお揃いのTシャツとマジックペンを持っている。誰からともなく寄せ書き大会が始まった。クラスメイト、先生、助手の先輩からTシャツに何かひと言メッセージを書いてもらうのだ。その中のひとつ、助手長の浅見さんが書いてくれたメッセージに私の目は釘付けになった。

『海はまた少し君を大きくしたね』

それは神様のお告げのようにも受け取れた。近藤先生は『潜水人間　近藤勝三郎』と書いてくれた。

海が人をいやす……身をもって経験したことをもっと深く勉強したい。これは社会体育本来のテーマでもある。

そうだ、ダイビングをやろう。

実際、岩井の海は私の疲れた心身をいやしてくれただけでなく、信じられないエネルギーをも与えてくれた。そのエネルギーを感じた瞬間、私の中で何かが弾けた。空から金色のパウダーと七色の紙吹雪が降ってくるような衝撃的な感覚だった。私はバレーボールをやめてもいいと思い始めていた。それに代わるものを岩井の海でつかんだような気がした。ダイビングの競技性のないところに魅力を感じてしまったのも、こうした気持ちの変化の兆しだったのだと今になって思う。

心から楽しんで、リラックスして、少し日焼けして合宿所に戻って来た時には、私はもう完全に決心していた。競技選手としてシビアにプレーすることが難しいのならもうやめよう。ケガを抱えていてもやってやれないことはなかったと思う。でもコートの外からレギュラー選手を支えるというのは私の本意ではなかった。ここまで考えてしまったら、たとえ再びコートに戻ったとしても、もう以前のような気持ちも情熱も込められないだろう。華のあるうちに自分の意志でやめるということに私はこだわった。監督の研究室のドアを叩いた。先輩方や同級生には事後報告をした。そして岩井の海から帰ってきた一ヵ月後、私は競技選手としての夢を同級生たちに託して体育館を去った。

二年生の夏になってようやくダイビングのことを具体的に考えるようになった。ある日先生に電話をし、ウェットスーツを作るための採寸に連れて行ってもらった。先生の携帯電話の番号を書いた紙はずっと大事に持っていたのだ。

何日か経ってウェットスーツができあがった。同時に三点セットも買った。初代のウェットスーツはロングジョンとジャケットのツーピースで厚さは五ミリ。色は黒がベースで両サイドに濃いピンクを入れてもらった。袋から出すとぷーんとゴムの匂いがした。ずっしりと重い。表の生地も裏面のゴムもふわふわしていかにもあったかそうだった。先生に教わった通り、ゴムの面にていねいにパウダーをはたきハンガーに吊るした。

すっかりダイビングモードになっていると思いきや、実際に始めるまでにはさらに十ヵ月の時間を要した。その間、ウェットスーツはタペストリーと化していた。

三年生になり、私は希望通り大北先生のゼミに入った。人気絶大なので競争率が高く難関だったのだが、第一希望から第三希望まですべて「大北ゼミ」と書く強引な手段をとったおかげで栄光を手に入れることができた。近藤先生の海洋学部時代の恩師でもあり、またゼミの学生は伝統的に水泳実習の学生助手をやっていた。

私はまたミスター・ダイビングに電話をした。

「先生、ダイビングを教えてください。お願いします」

受話器を持ったまま電話口で頭を下げた。

「じゃあ今度の日曜日、大学のプールに来いよ」

何かステキな出会いを予感させる力が糸電話のように伝わってきた。

いよいよダイビングが始まるのだ。

車椅子の邦ちゃん

一九五八年九月、邦ちゃん（鈴木邦裕）が誕生した。産声をあげないという深刻な状態を奇跡的に乗り越えたものの、まもなく小さな体に異常が見つかり「先天性骨形成不全症」と診断された。

骨形成不全症とは、簡単に言うと全身の骨が異常に脆く骨折を起こしやすい病気だ。重度のものはすでに胎内で、または生まれ出る途中で多発骨折を起こし、早期に命に関わるケースもある。思春期を過ぎると骨折は起こりにくいと言われているが根本的な治療法はなく、整形外科的に骨を矯正したり装具をつけて運動を助けるにとどまっている。邦ちゃんも子供の頃は両腕両脚の骨折を繰り返した。また、くしゃみや咳をしただけで頭蓋骨にヒビが入ったり肋骨を折ったりするので、カゼを引かないようにいつも気をつけていたそうだ。骨折した部分は骨が正常に再生できず仮骨（偽関節）が形成され、それを除去するための手術も受けている。

邦ちゃんは車椅子で生活しているが、脚が動かないわけではない。いわゆる下半身麻痺という状態ではないので知覚や運動機能には問題はないのだ。歩行訓練を受けていた時期もあって、ゆっくりだったら歩くことができる。でも転んだら骨折するかもしれないという危険性と移動の早さ便利さなどを考えた結果、車椅子のほうがいいだろうということになり、小学生の頃から車椅子での生活となった。一級一種の身体障害者手帳を持っている。

就学前は定期的に病院に通いながらほとんどを自宅で過ごした。当時は重い障害を持った邦ちゃんを受け入れてくれる幼稚園がなかったのだそうだ。

「ボクは近年稀に見る非常にできの良いお坊ちゃまだったから、あえて幼稚園に行く必要はなかったのだ！　うちには教育係のばあや（お母さんのこと）もいたし……」

　邦ちゃんはそう笑って話すが、そんな小さな頃から社会の壁みたいなものにぶつかってきたのだろうなぁと思うと、どうコメントしたらいいのか言葉に詰まってしまう。

　小学校と中学校は地元の公立の養護学校へ通った。お母さんは車の運転免許を取り、毎日息子の送り迎えをした。中学生の時、養護学校の先生の計らいで地元の中学校の普通学級に二週間ほど通ったことがあった。健常者と同じ学校生活を経験したうえで普通高校への進学を目指そうとしたのだ。邦ちゃんは工業系の県立高校を第一志望としていた。学力も十分あった。ところがいざその時になると、高校側が「ちょっと待った」と言ってきた。理由は単純。県立の養護学校がちゃんとあるのにどうしてそこへ行かないのかということだった。もし普通高校へ進学したら通学や教室の移動、体育の授業はどうするのか、校外授業や修学旅行へは行けるのかなど、お役所的、保守的なことをやんわり言ってきたという。

　確かに養護学校は体の不自由な生徒にも不便がないよう、最初からバリアフリーで造られているから楽だ、と邦ちゃん自身も言っている。普通高校へ行くことはいろんな意味で冒険だということもよくわかっていた。最近ではバリアフリーの発想が当たり前になっているが、当時はまだそんな言葉さえなかったのだ。でも専門的に勉強したいことがあった邦ちゃんは、ハード面のバリアがあるという理由だけで自分の将来に関わる希望を曲げたりはしなかった。結局、県立高校への進学は叶わなかったが、別の角度から邦ちゃんの未来に光が当たったのだ。

公立がダメでも私立がある。当時、邦ちゃんのお兄さんが通っていた東海大学第一高校（現在は東海大学工業高校と統合され東海大学付属翔洋高校となっている）に相談してみた。

「心配しないで受験しなさい。障害のある生徒ひとりを教育し卒業させられないようでは、それは教育ではありません。障害のある生徒も一緒に学び、何事も共感し、その人の社会参加の手助けをするのが教育であり友情です。それが健常者の教育にもつながるのです」

こんな温かい言葉が返ってきた。邦ちゃんは入学試験を受けて合格、晴れて高校生になった。自分を広い世界に導いてくれたこの時の言葉を一生忘れないと言っている。

東海大学第一高校の校舎も特に障害者を考慮して造られたものではなかったが、階段の昇り降りや移動が難しい場面では先生方や生徒たちが協力して手伝ってくれた。

あえてハード面を改善しなくても、そこにいる人がちょっと心を寄せ合えば何でも乗り越えられるということだ。

卒業式では卒業生を代表して答辞を読んだ。そして多くのクラスメイトとともに東海大学工学部精密機械工学科に進んだ。学部も年代もそれぞれ違うが、先生と邦ちゃんと私は同窓生なのだ。進学と同時に静岡市の実家を離れ、大学近くのアパートに住むことになった。お父さんがトイレや風呂場に手すりをつけるなどして、少しでも暮らしやすいように手を加えてくれた。同じアパートの住人たちはほとんどが高校時代の友人だったのでその点も心強かった。お母さんはここでも大活躍した。アパートに泊まり込み、食事の支度をし、授業がある時には一緒にキャンパスに入って邦ちゃんの車椅子を押した。太陽の下で汗をかきながら、雨の日には傘をさしながら……。

ご両親は邦ちゃんを決して過保護にはしなかった。病気や障害の事実をきちんと受け止め、どうすることが邦ちゃんにとってベストなのか、深い愛情をもってやさしく厳しく我が子を導いた。邦ちゃんは本当に明るくて、面白くて、たくましくて、やさしくて、人を惹きつける求心力みたいなものを持っている。体育会系出身の私には年上の人を「ちゃん」付けで呼ぶのは考えられないことなのだが、邦ちゃんは会った時から「鈴木さん」とか「邦さん」ではなく、自然に「邦ちゃん」と呼べた。

今までいろんな苦労や悩みやつらいことがあっただろうが、それを人に言わないのも彼の立派なところである。どんな苦労話も笑いのネタにしてしまえるセンスがあるのだ。だから邦ちゃんの周りにはいつも自然と人が集まり、笑いの渦ができる。一緒にいるだけでこちらも元気になる。鈴木家のDNAなのかもしれないが、家族の愛情、育った環境が今の邦ちゃんを創りあげたのではないかと思う。邦ちゃんは、高校大学時代に学び得たことやその時自分を支えてくれた温かい友情は生涯の宝物だと言っているが、この宝物は自身が招き寄せたものかもしれない。みんな車椅子だから何かをしてあげるのではなく、邦ちゃんだから一緒にいたいのだ。

一九八〇年、春、邦ちゃんは東海大学病院に就職した。人工呼吸器を管理するセクションに配属され、大学で学んだ知識を最大限に発揮した。その八年後には国家資格制度が確立し、翌年、実務経験と国家試験によって臨床工学技師の資格を取得した。

就職してからの数年間は秦野市に新築された市営住宅に住んでいた。当時の集合住宅としては珍しく、車椅子の人のために設計されたバリアフリーの部屋が一階に二戸あったのだそうだ。ここから伊勢原市の職場まで車を運転して通勤した。邦ちゃんは十八歳になってすぐに運転免許を取っている。その後、職場の近くに家を建てた。私も何度か遊びに行ったことがあるが、なるほど家中よく工夫されているのがわかる。それでいて健常者にも何の不便も違和感もない。車椅子の邦ちゃんに合わせてゼロから設計された居心地のいい家である。

海に潜ってみたい

もともと好奇心が旺盛で、何にでも積極的に挑戦するフロンティア精神を持った邦ちゃん。実は自他ともに認める大の釣り好きなのだ。はっきり言って釣りキチ、釣りバカの域に入っている。海に対する興味や関心も人一倍だ。

中学生の頃には八ミリフィルムで撮影された海の中の光景を何度か見た。

「いつかは海に潜ってこの光景を自分の目で確かめるんだ。魚のようにイルカのように自由に泳いでみたい」

この頃から邦ちゃんは心の内でそう思うようになった。やがてハワイやグアムなど海外のマリンリゾートへも旅行するようになったが、せっかくのきれいな海を目の前にしていながら車椅子の自分は水面と陸上の景色を眺めることしかできない。海に潜りたいという思いはますます募るばかりだった。でもスキューバダイビングはひとりではできない。インストラクターの資格を持つ人から一定の講習を受けて、知識と技術を体得しなければならないのだ。それに邦ちゃんには身体的なハンディキャップもある。そのことを理解し協力してくれる人となかなか巡り会えず、きっかけをつかめないまま、「やっぱり海に潜ることは無理なのだろう。夢は夢で終わってしまうのだろう」と半ば諦めかけていた。

ところが邦ちゃんはやっぱり幸運をつかむ天才だった。のちに夢を実現させてくれることになるインストラクターと出会う機会があったのだ。それは我らのミスター・ダイビングだった。

一九九〇年春、東海大学病院職員恒例のゴルフコンペがあった。邦ちゃんは事務方に徹し、開催までの準備やコンペ成功のための裏方の仕事を一手に引き受けていた。

最終組がスタートしたらあとはしばらくすることがない。車椅子ではコースに出ることができないのでクラブハウスに残った。そこへ近藤先生がやってきた。先生もプレーはしないので暇を持て余していたのだ。仕事の関係で何度か会っていてお互いのことは知ってはいたが、仕事を離れて話をしたのはこの時が初めてだった。クラブハウスでポツンとしている邦ちゃんに、話し相手にでもなってやるか、という軽いノリで先生は接近した。ふたりはすぐに打ち解けていろんな話をした。特に海の話には熱がこもった。どんなに海が好きか、憧れているかということを邦ちゃんは懇々と語り、やがてその海に潜ってみたいという核心に触れた。先生はその話を真剣に受け止めた。

「じゃ、やってみようよ」

先生の海に対する情熱は天文学的スケールで、マンツーマンによる実践的な講習には独特のスタイルがある。邦ちゃんのように体に障害を持つ人がスキューバダイビングに挑戦するのは、当時はとても稀なケースだった。でもこの時先生は「本人にやる気があれば大丈夫。障害があるぶん健常者以上の努力をし、トレーニングを積むことによって必ず潜れるようになる」と確信し、「途中で挫折するかもしれない」とは少しも考えなかったという。もしこのゴルフコンペのわずかなフリータイムにふたりが出会っていなかったら、邦ちゃんはダイビングをやっていなかっただろう、という話をだいぶあとになって先生から聞いた。まさに運命の出会いだった。同じ時期、別の場所では私もダイビングの始動に向けてジワジワと準備をしていた。人の出会いというのは本当に不思議なものだ。

　こうして邦ちゃんは、先生の理解と「とにかくやってみよう」のひと言でダイビングを始めるチャンスを手にした。胸中は希望で一杯でも、いざ潜るとなると「本当に潜れるだろうか。大丈夫だろうか」と考えてしまうことがあったが、このチャンスを逃してなるものかと決意を新たにした。そして、もうすぐ叶うであろう夢をさらに大きく膨らませていった。

　こうと決まってからのふたりの行動はすばやかった。クラブハウスで夢の約束を交わしてからまもなく、私の時と同じダイビングショップからスタッフがメジャー片手にやってきてウェットスーツを作るための採寸をした。邦ちゃんの足に合う市販のダイビングブーツもないということで、ウェットスーツと同じ生地で靴下のような特製ブーツも作った。さらにスキューバダイビングの器材一式もぽーんと購入した。

　ウェットスーツができあがり、その年の五月十三日、東海大学湘南校舎のプールで初めての練習をした。翌週には私も合流し、こうして三人四脚?の泣いたり笑ったりのダイビングが始まった。

二章　挑戦

母校のプールで

五月二十日、先生との約束の日はよく晴れたさわやかな日曜日だった。自転車のカゴにウェットスーツと三点セットとタオルを入れて大学のプールへ行った。キャンパスに入った時、心臓がドキドキしていたのは自転車で坂道を登ってきたからというだけではなく、「これから本当にダイビングをやるんだ」という期待と緊張があったからだと思う。

プールサイドには車椅子の邦ちゃんがいた。ウェットスーツを着てマスクの曇り止めをしているところだった。彼にとってもそこは懐かしい母校のプールだ。傍らにはあの時と同じグリーンのウェットスーツを着たミスター・ダイビングがいた。

邦ちゃんのことは事前に先生から知らされていた。私のほかにもうひとり講習生がいること、その人が日常的に車椅子を使う障害者であること……。

この日初めて会ったのだが、初対面の人には少し構えてしまうところがある自称ナーバスな？私も、邦ちゃんの太陽のような明るい笑顔にすっかり心を裸にされた。ずいぶん前から知り合いだったかのような感じさえした。

「邦ちゃんとはこれからずっと一緒に潜っていくことになるだろう。私はこれからすごいことを体験するだろう」

素直に直感した。先生から邦ちゃんのことを聞いた時も、それほどの障害を持った人がスキューバダイビングをするということは果たして具体的にどういうことなのか、大変なことなのか、そういう類のことはまるで考えなかった。自分のことで精一杯だったせいもあるかもしれないが、邦ちゃんと会う前からすでに「大丈夫！　できる！」という希望的観測ばかりを持っていた。それは実際にプールで会った時に確信の兆しを見せた。

何ともいえない高揚感をかみしめながら、私も急いで準備に取りかかった。作ってから十ヵ月目にして初めてウェットスーツを着た。作った時よりも少し痩せたので簡単に着れると思っていたが、これがなかなか大変だった。普通の洋服を着るようにはいかない。ちょっとしたコツがあるのだが、その日の私には知る由もない。悪戦苦闘しているところはあまり人様に見られたくないものである。汗が滲む前にパウダーの滑りを利用して一気に着てしまいたかった。でも現実は初心者の私に厳しかった。わずかばかりのプライドを捨てジリジリとプールサイドまで匍匐《ほふく》前進し、水を使って着る方法に切り替えた。カッコつけずに最初からこうすればよかったのだ。くたびれてグッタリし、思わず「ハァ〜」とため息をついてしまった。

三点セットをつけて水に入った。初めて着るウェットスーツの暖かさは想像以上のものだった。新しいので浮力もたっぷりだ。

先生と邦ちゃんはマンツーマンで別メニュー。私はひとりで泳いでいた。私も先生に手取り足取り教えてもらえるとばかり思っていたが、実際の現場を見てその甘い考えはサッサと打ち消した。

コースロープも張っていない広いプールに三人だけ。贅沢な使い方である。

シュノーケルをくわえていれば何百メートルでも連続して泳ぐことができる。疲れたら休んでもいいし、タイムも気にしなくていい。シャカリキになって泳ぐ必要はなく、むしろできるだけ疲れないように泳ぐことが大事で、これがダイビングの究極の技術なのだ。

時々、先生と邦ちゃんのことが気になる。自分がこうしてのんびり泳いでいていいのだろうかと考える。もし私がそばにいたら何か手伝えることがあるだろうかと自問する。何かあるはずだ。今の段階では技術的に何もできないかもしれないが、必ず私は必要な存在になる。なりたい。早く先生や邦ちゃんの力になれるように練習しよう。先生は終始邦ちゃんに付きっきりになってしまうから、私のことなど構っていられないだろう。だから私は先生が邦ちゃんにダイビングを教えている様子を間近で見て、未熟ながらも何かできることを手伝い、その過程でダイビングを体得するしかない。門前の小僧が習わぬ経を読むように、私もそうやってダイビングを覚えていくのだろうと思った。それはこのプールで三人が出会った瞬間から、いや、「ダイビングを教えてください」と先生に電話をした時からの暗黙の了解だった。

先生と邦ちゃんの実践のひとつひとつがお手本となった。だから私はいつもふたりのそばにいて緊張していた。

私のダイビングと邦ちゃんのダイビング、そのスタートが同じ時期になったのは単なる偶然なのかもしれない。でも、もしかしたら最初からここで出会うために、一緒にダイビングをやるために、私はバレーボールをやめてからの一年九ヵ月の間、ほかのことをしながらこの時期を待っていたのではないかと思った。これは偶然ではなく、実は必然だったのではないかとも思えた。

一般的な講習と少し違うこの経験を通じて、私も早くいいダイバーになろう、使えるダイバーになろうと、プールサイドで静かに誓ったのである。

水が怖い

生まれた時からの障害のため、海はおろか「水の世界」を知らずに過ごしてきた邦ちゃんは、とにかく最初のうちは水を怖がった。自宅の浴槽に入る時さえも神経を使うという。水に限った話ではないが、キケンなことに関してはとても敏感なのだ。これは体に障害のある邦ちゃんが事故なく安全に生きていくための本能ともいえる。

水中でバランスを崩した時に無意識にバランスを保とうとする……邦ちゃんにはそれが難しかった。誰かが支えていてくれなければ水中で体が回ってひっくり返ってしまう。そのまま溺れてしまうかもしれないという恐怖心が常にあった。

意を決してプールに入ってもプールサイドから離れることを怖がり、両手でステップの手すりにつかまったまま固まっていた。

「ちょっと待って〜、怖いよー、ヒャー!」

絶叫する邦ちゃんに先生は付きっきりだった。

「おれにつかまってろ。絶対に離さないから。大丈夫だから」

声をかけてまず安心させる。そして溶接したかのように手すりとほぼ一体化している邦ちゃんの手を、指を一本一本はがすようにそーっと離し、自分の手を握らせた。

「最初に怖い思いをさせるな」というのが先生の教えだ。邦ちゃんは先生の手にガッシリとつかまりながら、三点セットをつけて水に慣れるためにひたすら泳ぐ練習を繰り返した。やがてフィンを効果的に使い、全身でバランスを取りながら自力で泳ぐことを体得した。それでも先生は決して邦ちゃんから離れることはなかった。私はその間、放し飼いにされていた。

まもなくタンクを使ってのスキューバダイビングの練習に入った。

圧縮空気が充填されているタンク（よく酸素ボンベという表現を聞くが、ダイビングで使うタンクの中身は基本的に酸素ではなく空気だ）をＢＣ（浮力調整器具）に固定し、レギュレーターを取り付ける。さらにウェットスーツの形状や体重、技術に応じたウエイトなどすべてを装備すると、邦ちゃんの場合で約二十キロの重さを体につけることになる。大半はタンクそのものの重量だ。

プールサイドでセッティングをしてからBCに空気を入れて浮力を持たせ、水面に浮かべる。そしてステップの手すりにつかまっている邦ちゃんの背後に器材を引き寄せ、先生が装着させる。マスクをし、レギュレーターをくわえたことを確認するといつものようにそっと手を取り、まずは水面をしばらく泳いでみる。そしてBCの空気を抜き少しずつ潜っていく。

段階を踏んで練習を進めるが、どうしてもあるところで止まってしまう。先生のサポートがあるものの、水中で背中のタンクを軸に体が回ってしまうのだ。タンクを下に、腹を上に、と仰向けにひっくり返った状態で止まってしまう。タンクは約十三キロもの重さがあるので（水中では当然軽く感じるが）健常者でも慣れないうちは上手くバランスを取ることが難しい。

またジワジワと恐怖心が湧いてくる。そばにいる先生にすがりつくように手足をばたつかせるが、自力では元の状態には戻れない。タンクをBCに取り付ける位置やウエイトの位置を微妙に変えながら、一番安定する方法を探ってもみた。それでも相変わらず邦ちゃんは水中でフラフラしていた。

そこで先生はある作戦の実行に出た。水中で邦ちゃんの体を意図的に回し始めたのだ。横に向けたり、上に向けたり、グルグル回したり。三次元の世界の中を邦ちゃんは舞った。もちろん事前の打ち合わせと先生の付きっきりのサポートがあってのことだ。レギュレーターをくわえ呼吸さえ確保されていれば全然慌てることはない。プールでこの練習をしっかりやっておけば、万一海で同じようなことがあってもパニックにならず落ち着いていられるということをあえて経験させたのだ。このことは邦ちゃん自身もよくわかっていた。

何度かやっているうちに、固まっていた邦ちゃんがだんだんリラックスしていった。もう水の一部になっているかのようだった。

信頼

この方法は少し手荒い感じもするが実はとても有効だった。

「あの練習でずいぶん自信がついた」

邦ちゃんもしみじみ語っている。ただし一緒に泳ぐ（潜る）人の確かな技術と双方の信頼関係があってのことなのでいきなりエイッとやってはいけない。アプローチを重視し、実践の時には手を握ったり肩やBC、タンクなどその場に応じて適当なところをつかみ、しっかりサポートすることが大事だ。新たな恐怖心を植え付けてしまったら逆効果どころか、海に対する夢もぶち壊しになってしまう。

顔の表情を窺うことも忘れてはならない。水中では音声によるコミュニケーションは期待できないのでアイコンタクトがとても重要だ。だから障害のある人やダイビングを始めてまもない人をサポートして潜る時には、お互いに向き合う格好が理想だと思う。サポートする側は当然後ろ向きに泳ぐことになるが、一番コミュニケーションをとりやすく安心感が得られる方法だ、と経験上思っている。

それからサポートする人が自分の体を安定させ絶対にコケないことだ。何かあった時でも一緒にいる人が岩のようにどっしりとしていてくれたら、それだけで頼りになるものだ。以前ある海で潜った時、一緒に海に入ったダイブマスターが海底に尻餅をついて無様にコケていた。体勢を立て直そうとやたらとフィンを動かし、モンモンと砂を巻き上げた。潜る前はエラそうなことばっかり言っていたのに海ではこんなものか？　あまり信頼したくないなぁと思ったことがある。

邦ちゃんが先生に全幅の信頼を寄せ、確実に水に対する恐怖を克服していったのも、先生に確かな技術と豊かな経験があったからだろう。「おれが邦を潜らす」という情熱と自信もある。それらが全部邦ちゃんに伝わるのだ。水中カメラを持ってふたりの練習風景をよく撮影していた私にも、それらがファインダー越しにビンビン伝わってきた。先生の存在がステップの手すりから手を離す勇気になり、やがて自信になった。ハートも大事、技術も大事、その両方を持っていることが一番大事。

ふたりの信頼関係は強固だった。

邦ちゃんの練習のあと、タンクに残った空気を使って私も潜らせてもらった。初めてスキューバダイビングの器材を背負い、タンクの空気を吸う経験だった。それなのに先生は「おまえもちょっと潜って来いよ。耳が痛くなったら耳抜き。浮上する時は呼吸を止めるな。以上！」と言っただけで、あとは何も言わなかった。器材はさっきまで邦ちゃんが使っていたものだからセッティングの作業は省略できた。見よう見真似で器材を背負い、見よう見真似でBCの空気を抜いて水中に潜っていった。

最大水深一・六メートル、潜水時間約二十分。レギュレーターを介しての呼吸は思っていたよりもはるかに快適だった。静寂な水の中で自分のその呼吸音を聞くのはとても不思議な快感を覚える。競泳嫌いで授業中はいつも脱走計画を練っていた私も、なぜかダイビングにはすんなり適応してしまった。

プールの中をぐるぐる泳いでいるうちに中央部の排水溝のところに来た。一年生の時にこのプールで初めてミスター・ダイビングと会ったあの日、先生は私たちが寒さに震えながら泳ぐその下を潜っていた。あの時の先生を真似て私も排水溝の蓋にへばりついてみた。

記録ノート

先生のハートと技術、邦ちゃんのポジティブな精神に共感した私は、信頼を絵に描いたようなふたりの練習ぶりを目の前で見てさらに大きな刺激を受けた。

「私も早く信頼されるダイバーになろう。先生からも邦ちゃんからも必要とされるダイバーになろう。だから何があっても先生についていこう」

こんなふうにかなり大胆な決意をし、同時に記録ノートをつけ始めた。その日どんな練習をしたか、先生にどんなことを教わったか、どんなことを学んだかなどを書き記すことで自分の勉強になればと思ったのだ。

邦ちゃんが一緒の時は彼のこともすべて書いた。車椅子の邦ちゃんがダイバーになっていく過程を記録することは私にしかできないこと、今しかできないことだと思った。このノートは私と邦ちゃんのダイビングの歴史でもある。

「おまえ、邦の記録を取ってくれないか？」

「もう最初の練習の日からノートにつけてます。自己流ですけど……」

「エライ！　さすがおれの教え子だ」

先生はホッとしたような顔。私はちょっと誇らしげな顔。近い将来、卒業論文を書く時に役立つかも知れないという合理的な目論見もあった。

ログブックとは別に小型の大学ノートを用意した。のちに海へ行くようになってからも家に帰ると真っ先に器材の手入れをし、やおらノートを広げ脈絡もなく書き出す。どこかへ泊りがけで潜りに行った時もノートは持参し、夜、布団に寝っ転がって書いた。こうしたことは私が四年生になって卒論を書き始めるまで続いた。

ダイバーとしてあまり自慢できる話ではないかもしれないが、私は本来のログブックはあまり気合を入れて書いたことがない。徹底的に必要最低限のことしか書かない。それに比べて記録ノートはよく書いた。いつも書くことがたくさんあったので三ページも四ページも休まず一気に書いた。

勉強のために……などとカッコいいことを言ってはみたが、実際の中身は八割方が先生に怒られて泣いた涙の記録である。あの頃の先生は私を強いダイバーに育てるのだ！と、とにかく厳しかったのだ。海で泣いてノートをつけながらまた泣いて、ということがよくあった。悔しさと無力感をどこかにぶつけたくて書いていたようにも思う。今でも勇気を出して時々読み返すことがあるが、いつも私に初心を思い出させてくれる強いパワーは健在だ。

こんな時はどうしたらいいだろう、あの時先生はどんなことを言っていただろう、先生だったらどうしているだろう……その答えのすべてがノートの中にある。そういう意味では私にとってのダイビングの教科書でもある。

記録ノート、私の歴史、私の教科書……。門外不出の宝物だ。

三回のプールでの練習によって邦ちゃんはだいぶ水にも慣れ、重たい器材にも慣れ、何とか自分でバランスを取りながら泳いだり潜ったりできるようになった。信頼する先生がいれば何も怖くない。何でもできそうな気がする。

「邦ちゃん、海へ行って潜ろう」

先生が言った。
それは邦ちゃんの夢の実現に向けての力強いゴーサインだった。
さあ、海へ行こう。

三章　ファースト・ダイブ

ファースト・ダイブ

六月十二日、珍しく目覚し時計が鳴る前に目を覚ました私は、そのまま飛び起きるとまず部屋の窓を大きく開けて空を見た。

「うん、いい天気だ。よしよし」

七時に邦ちゃんが車で迎えに来てくれた。助手席にあった車椅子をトランクに移動させ、私の座る場所を確保する。トランクには邦ちゃんのダイビングの器材とウェットスーツも積まれていた。きっと車椅子を何度も往復させて車に積み込んだのだろう。

この日は平日。邦ちゃんは有給休暇を取り、私は授業を自主休講した。クラスの助け合い運動の一環である代返は信頼する友人に任せた。

一時間後、真鶴に着いた。先生は先に到着していた。私は駐車場からショップまでの急な坂道を邦ちゃんの車椅子を押しながら一気に駆け上がった。

まずはスタッフの方々にご挨拶。ここのボスとは私がウェットスーツの採寸をした時に一度会っているので顔と名前だけは知っていた。「あれからずいぶん経つなぁ、今まで何してたんだよ」と言われるのが恥ずかしかったので、私は話題がそっち方面へ飛ばないように、そして自らも墓穴を掘らないように、言葉を選んでおしゃべりをしていた。

早速、先生と邦ちゃんは今日一緒に潜るスタッフを交えてのミーティングを始めた。もうここからダイビングは始まっているのだ。大学のプールでは先生のサポートによって上手く泳いだり潜ったりすることができた邦ちゃんだが、今日の舞台は本物の海だ。いつも比較的穏やかな真鶴の海とはいえ、障害を持った人の初めてのダイビングである。だからスタッフの力も借りることになっていたのだ。ふたりのインストラクターがスタンバイしていた。さらに邦ちゃんの友人のダイバーも加わった。

エントリー（海に入ること）ポイントまではどのように器材と邦ちゃんを移動させるかに始まり、潜降方法、水中での計画、エキジット（海から上がること）してからの段取りなど一連の流れを何度もイメージし、誰がどの場面でどんなサポート、アシストをするかについて徹底した作戦会議が行われた。邦ちゃんを安全に潜らせるために、そして存分に海を楽しんでもらうために意見が交わされ、心がひとつになっていく。和やかなムードの中にあってもみんなの目は真剣で、見学の位置にいた私も思わずぶるっと武者震いしてしまった。

作戦会議が終わって円陣が解けると、私はまだ車に積んだままになっていた器材を運んだ。邦ちゃんはよく陽の当たるテラスにいて、朝陽に輝く海を少し眩しそうに眺めていた。いつになくシリアスな表情で、もうすぐ間違いなく夢が叶う、その直前の緊張感を楽しんでいるようにも見えた。

私はまず自分の準備を始めた。時間を短縮するために家から水着を着て来たので、躊躇なくそこらへんでTシャツとジーパンを脱いですばやくウェットスーツを着た。人前でも恥ずかしくないように、邦ちゃんや先生の手伝いをする時間を少しでも多く取れるように、私はウェットスーツをスマートにスピーディーに着る練習を家でしていたのだ。だから汗もかかず、髪を振り乱すこともなく、涼しい顔で着ることができた。ブーツを履き、マスクに曇り止めの液体を塗る。ついでに邦ちゃんのマスクにも塗る。三点セットとグローブを揃えて置く。私の重器材（BCとレギュレーター）は今日はレンタルだ。

ここまでやってから邦ちゃんの手伝いをする。彼は自分のことは何でもひとりでできるのだが、車椅子では物理的にちょっと難しいこともある。例えばここでは重たいタンクを運ぶこと、低い位置に置かれたバッグの中から器材を取り出すことなどだ。器材のセッティングも車椅子に座った状態では体を大きく前傾することになるので、足の踏ん張りが利かない邦ちゃんには難しい。危険も伴う。このようなことを事前に察知し、いちいち言われなくても自分でやることを見つけて動くことが私の仕事だった。体育会出身者にとっては朝飯前のことで、文字通り、私は朝食用に仕入れた菓子パンを食べる前にそれらの仕事を片付けていた。

それにしても邦ちゃんの口数が少ないと思った。いつもは冗談ばっかり言って賑やかな人なのに今日は神妙だ。こめかみのあたりにはうっすらと汗。やはり緊張しているのだろうか。

「あれれっ？　邦ちゃん、もしかしてキンチョーしてるぅ？　でも先生が一緒だから大丈夫だよ。プールでたくさん練習してきたんだし。きっと楽しいよ！」

車椅子の周りをちょろちょろしながら邦ちゃんに話しかけた。私自身も今日が初めての海でのダイビングで人のことを心配している場合ではなかったのだが、そうすることで何とかいつものように邦ちゃんに笑ってもらおうと思ったのだ。邦ちゃんは笑顔でいてほしい。楽しい時は笑っていなければ。

みんなの準備が整い、いよいよ海へ向かった。

生きていてよかった

坂道を降りて一般の公道を渡る。ガードレールの向こうはすぐ海だ。潮の干満の具合によってその距離は違うが、およそ二十メートルもゴロタの上を歩いたあたりが渚になっている。ガードレールの手前までが車椅子が進める限界だったので、そこから先は先生が邦ちゃんをおぶって慎重に波打ち際まで移動した。大人が子供をおぶうのとは違い、大人が大人をおぶうのは結構大変だ。しかも海は足場が悪い。先生は一歩一歩確かめるような足取りで歩を進め、邦ちゃんを波打ち際ぎりぎりのところに座らせた。器材はみんなで分担して運んだ。

波の音、潮の香りが五感を刺激する。渚ではまるで邦ちゃんの脚を愛撫するかのように波が寄せたり引いたりしている。「早くおいでよ」と手招きしているようにも見え、邦ちゃんはますます気持ちが昂っている様子だった。

打ち合わせ通りの段取りとチームワークで邦ちゃんは海に入った。私も一応その場にいたのだが、先生は邦ちゃんに付きっきり。みんな邦ちゃんのファースト・ダイブの成功に全神経を注いでいる。どの顔を見ても誰とも目が合わなかった。

「おまえはうしろをついて来い。近くで適当に潜ってろ」

雰囲気から察してたぶん「そういえばおまえもいたんだっけなぁ」という言葉が前後いずれかにくっつくのだろう。おまえのことは構っていられないということらしい。予想通り、私はハナから眼中になかったのだ。そっかー、そういうことか……。それでも、もし余裕があったらということで水中カメラを持たされたので「絶対に撮ってやる」と意地になった。そして私のことは誰も助けてくれない、自分の力で潜るしかない、と静かに悟った。「きっとできる」という自信、「本当に上手く潜れるかなぁ」という不安、いろんな感情が交り合って私はかなり緊張していた。

邦ちゃんはエントリーしてすぐの水面で器材を装着された。その後、先生とスタッフのひとりが両サイドから挟むように守るようにして体を支え、少し水面を泳いだあと、邦ちゃんを水中に引っ張り込むような形で海に潜っていった。もうひとりのインストラクターがその様子を水中ビデオカメラで撮影した。私は何が何だかわからないまま海に入り一団のあとを追った。自慢じゃないが私だって筋金入りのビギナーだ。

これが初めての海でのダイビングなのだ。はぐれてはいけないと思い必死にくっついていった。

沖に向かって少し行くとサザエ根がある。ここを中心に潜るようだ。

泳ぐことを一旦止め、先生は邦ちゃんと向かい合う格好で「耳抜きは大丈夫か？」「何か問題はないか？」とサインを交わしていた。邦ちゃんは当初、自分では耳抜きができなかった。指で鼻をつまむために腕を顔の前に持ってくるという動作が上手くできなかったのだ。だから耳抜きは先生が邦ちゃんの鼻をつまんでやっていた。耳抜きをしたい時にタイミング良く先生のサポートを得る。このふたりの呼吸はプールでの練習を通じてできあがったものだ。

BCの排気吸気ボタンを使っての浮力調整も、この日はスタッフの手によってなされた。邦ちゃんの体を水中でバランス良く保つには細心の注意が要る。浮力調整は重要だ。

先生の問いに対し邦ちゃんがOKサインを出していた。大丈夫のようだ。

神経の半分は邦ちゃんのほうに向けながらも、私はしっかりと自分自身のファーストダイブを楽しんでいた。海の中でこんなに楽に呼吸ができて、手を伸ばせば届きそうなところをきれいな魚が泳いでいる。そんな光景にうっとりしすぎたのか、私は途中から体が浮いてしまった。ウエイトが軽かったわけではない。ヘタクソだったのだ。もう一度潜ろうと挑戦するが焦れば焦るほど体は潜ってくれない。かといって誰かに助けてもらえるわけでもない。不安もあるのだろう。初心者は息をしっかり吐かないうちにスーハスーハと空気を吸う傾向にある。すると肺が浮き袋となって、この日の私のようになってしまうのだ。

後半は諦めて水面を漂っていた。邦ちゃんの写真は何とか撮ったし。案の定、途中から私がいなくなったことは誰も気付かなかったらしい。少し寂しいが、それほどみんな邦ちゃんに集中していたのだ。

ダイビングを続行している五人の呼気が気泡となって水面まで上がってくる。それに顔をつけて「美顔器だ！」などとひとり遊びをしながら、私はほとんど減っていない残圧（タンク内の空気の残量）を情けない思いで眺めていたのだった。

これが私の記念すべき（ちょっと恥ずかしい）ファースト・ダイブだった。

邦ちゃんはこの日、最大水深七・五メートル、潜水時間二十分を堂々と潜り、生まれて初めて本物の海の世界を見た。水中でのバランスの問題、腰のウエイトが脚のほうへずれてしまう問題などいくつかの課題は残ったが、次回にいかしていこう。

潜り終えて岸に上がった邦ちゃんは、海水が滴る前髪を手でかきあげながらかなり興奮気味にこう言った。

「あー、生きていてよかった、最高！」

大きな声で何度も繰り返した。万感の思いと太陽のような笑顔。邦ちゃんのいつもの笑顔だ。一緒に潜った先生、スタッフ、友人ダイバー、私、みんな笑った。ゴロタの隙間を這うフナムシたちもみんな笑っていた。

セカンド・ダイブ

感動のファースト・ダイブから数日後、私は再び真鶴へ行き先生とマンツーマンで潜った。

今日こそはテキストに書いてあるようなことをじっくり教えてもらえると思い密かに期待していたのだが、その考えはやはり甘かった。あくまでも自分の体で覚えろ！なのである。キビシイ～。

でも、その日の二本目に一緒に潜ったほかの講習生にはやさしく手を引いてあげていたのを私は見てしまった。年の頃にしてもダイビング経験にしても、彼女と私は同じような条件、身分だったのに、この決定的な待遇の違いは何だったのだろう。「うーん」と唸りながらも「私は私」と無理やり自分に言い聞かせ、黙ってひたすら潜っていた。だいたい、どこの世界でも偉大な師匠に師事した弟子というのは厳しくツライものなのだ。

この日、私は買ったばかりの自分の重器材を使って潜った。学生の分際でスキューバダイビングの器材をニコニコ現金一括払いで買ってしまうなんて、贅沢極まりないことと思われるかもしれない。でも実は、私は成人式にはぜひ振袖をという両親の話をやんわりと断り、その代わりと言っては何ですが……と器材を買ってもらう交渉をしていたのだ。振袖を着る機会はたかが知れているがダイビングはずーっとやっていく。買った器材も大事に大事にずーっと使っていく。安くついたと両親は単純に喜んでいたが、一方で、金食い虫のバカ娘も実に有効なお金の使い方をしたと満足していたのである。ショップのスタッフにホース類を全部つないでもらい、早速海で使った。先生の指導方針のおかげですっかり自力でガシガシ潜れるようにもなったので、自分の新しい器材で潜ったこの日の一本が、本当の意味での私のファースト・ダイブなのかもしれない。

慈しむように水洗いをした器材は引き続き慈しむように陰干しされ、家へ帰ってからも押入れに放り込まれることなく部屋の上座に大事に置かれた。来週もまた使うのだから押入れにしまい込んでいるヒマはない。黒い色のBCには白の油性ペンで名前を書いた。邦ちゃんがテプラで作ってくれた名前シールも使った。オーバーホールをしながら、今でも大事に使っている。

その数日後にもまた邦ちゃんと真鶴へ行った。日曜日ということもあって東海大学病院の仕事仲間、ダイビング仲間も何人か来て一緒に海を楽しんだ。また彼らは水陸両面でいろいろと手伝いをしてくれた。この日も邦ちゃんのダイビングには先生のほかに前回のふたりのインストラクターが付いた。私も水中カメラを持ってしっかりと最初からチームの頭数に入れてもらった。

前回はエントリー後まもなく潜降したが、今回はサザエ根まで水面を泳ぎ根伝いに潜ろうということになった。この方法だと潜降ロープを使った時と同じ効果が期待でき、お好みの深度に安定した状態でとどまることができる。耳抜きに少々時間のかかる邦ちゃんにとっても、それをサポートする先生にとっても好都合だ。今まで右足だけだったフィンを左足にも履いたことで水中でのバランスがグンと良くなり、魚を観察する余裕も出てきた。水深八メートルまで潜って安定したところで先生は支えていた手をそーっと離した。一瞬だったが邦ちゃんは初めてひとりで海の中を泳いだ。「宇宙遊泳のようだった」と彼は感想を語った。

夜には仲間が一同邦ちゃんの家に集結し、今日撮ったビデオの鑑賞会をやった。「おれが絶対に邦を潜らせる」という先生の言葉通り、邦ちゃんは本当に海に潜り夢を叶えた。課題もたくさんあったが、彼は「こうしてほしい」とか「こうしたらどうだろう」とか、自分のリクエストや建設的な意見をどんどん言葉に出して伝えてくれる。それらはみんなの創意工夫によってひとつひとつ解決に向かい、より充実した確実なダイビングができるようになっていった。

あとはどんどん経験を積むのみ。私もより必要なダイバー、先生と邦ちゃんに信頼されるダイバーになれるようにと改めて腹をくくり、また記録ノートを開くのだった。自分自身のことをまず完璧にし、その上で人のことまで見てやれる余裕のあるダイビングができるよう、もっと技術的にステップアップしなければと身も心も急いていた。

いやしの海へ還る

数日後、私は岩井の海にいた。社会体育学科水泳実習の学生助手としてである。まともに泳げもしないのに常にサボることばっかり考える問題学生だった私が、今度は助手に成り上がって参加したのだから、当時の私をよく知っているクラスメイトたちは一様に驚いた。

「あの千秋がね……」

異口同音にこう言われた。誰に言われなくても本人が一番そう思っていた。

ちょうど二年前、当時一年生だった私はまだバレー部にいて、複雑な悩みと不安を抱え悶々とした状態でここへ来た。答えを求めるように岩井の海で泳ぎ、大勢の仲間に支えられ心身をいやされ、海からたくさんのエネルギーをもらった。その海に還ってきたのである。

もしあの時の私と同じ境遇にある後輩がいたとしたら、彼にもそんなステキな経験をさせてあげたいと思った。

『海はまた少し君を大きくしたね』

あの瞬間にバレーボールをやめる決心、ダイビングを始める決心をした。そして二年後はきっと自分も学生助手となってここへ戻って来ようと思ったのだ。その具体的なイメージ通りの姿で私は岩井に還ってきた。

今度は恩返しだ。

この実習でもスキンダイビングの実技があった。私を決定的にいやしてくれたスキンダイビングだ。講師はもちろんミスター・ダイビング。先生の下には数人の学生助手が付いた。学生助手にとってのお手本は、やはり自分たちがお世話になった二年前の学生助手の先輩方だった。

私の脳裏にはマキさんの姿が浮かんだ。一年生の時マキさんにお世話になって、「私も上級生になったらマキさんのような助手になりたい」と思っていた。それがマキさんへの恩返しだとも思っていた。

助手は早めにポイントへ行き、マスクやフィンなどを並べて一年生を待つ。やがて彼らがドヤドヤとやってくる。ほとんどは楽しそうにはしゃいでいるが、中にはやや不安げに下を向く子もいる。注意して見ていると、やはり勢いよく海に入っていけない。何度もマスクを取って目をこすったり、シュノーケルのマウスピースを気にしたりする。早く時間が経ってくれ、と祈るような目をしている。

わかるわかる、私も最初はそうだった。

ガンガン潜れる場合は「遠くへ行くな」と言っておけば、あとは本人の欲求と体力に任せて自由に潜らせておいていい。でもいつまでも水面を漂っている子には、ぜひここでもう一歩前に踏み出してもらいたかった。助手軍団は奮闘した。

まずマスクとシュノーケルを正しくつけさせ、水面に顔をつけて海の中を覗いてみる。全身の力を抜いてリラックスする。

海の中には海藻がゆらゆらと繁り、その間をたくさんの魚が泳いでいる。息をこらえ小さなタコと格闘している仲間の姿も見える。水に慣れそんな光景に刺激されてくると、今まで不安そうにしていた子も積極的に深く潜っていくようになる。それを見届けた時は私もうれしかった。

技術的なことは大学のプールの授業でやってきているので、あとは精神的なストレスをなくしてあげればいいのだ。文字通り水を得た魚のようにみんな生き生きと潜っていた。

二年前の自分を見ているようだった。

もし誰かがあの時の私のようにケガの痛みや不安や悩みを抱えていたとしたら、その子は岩井の海で希望の光をつかむことができただろうか。心と体の痛みはいやされただろうか。また少し大きく強くなって前に進むことができただろうか。海と関わった人は誰でもみんなそうであってほしい。自分を動かすたおやかなエネルギーを感じてほしい。

四章　伊豆海洋公園

霧の中のドライブ

ダイビングの聖地とも言われている伊豆海洋公園（I.O.P.　以下＝海洋公園）で潜ることになった。話が持ち上がったのは岩井の海。すぐに邦ちゃんに連絡が回り日取りが決まった。まったくこういう話は進展が早いのである。潜るのは日曜日だが、前日の夕方から現地に入り一泊することにした。初めてのお泊りダイビングだ。

土曜日の午後、雨の中を先生が先に出発した。その日、邦ちゃんは午前中は仕事、私も午後までかかって大学の前期試験があったので、終わり次第大学の門のところで邦ちゃんに拾ってもらい一足遅れて出発した。私の器材とウェットスーツは前もって先生の車に預けてあった。

途中、どうしてもとわがままを言って大磯の漁港に寄ってもらった。つい数日前、ここでバレー部時代にお世話になった先輩が事故で亡くなったのだ。まだその事実が信じられないまま、私は用意していた小さな花を現場に手向けた。

「どうか海に潜る私たちを見守っていてください」

海がいつも穏やかで楽しいダイビングができるよう、海で逝った先輩にお願いした。

それからは伊豆に向けての楽しいドライブだ。邦ちゃんは海岸線ではなく山の中の伊豆スカイラインを通るルートを選んだ。昼間降った雨のせいなのか、道にはドライアイスのような濃い霧が立ち込め、私たちもその霧にすっぽりと包まれていた。まだ日没の時刻ではなかったが、鉛色の重々しい雲と濃い霧に圧迫されているようで道はかなり暗かった。そんな中を邦ちゃんはフォグライトを照らし慣れた手つきでステアリングホイールを操り、アクセルペダルにつながる手元のレバーをグイッと引いた。これで加速するのだ。邦ちゃんはアクセルもブレーキも手元で操作できる手動装置付きのオートマチック車に乗っている。

カーブの多い、しかも霧と薄暮のために視界が悪くなっている道路だったが、渋滞にはまることもなく快調に進んだ。

前期試験が終わったばかりで、私の脳細胞はややお疲れ気味だった。そして眠かった。でも運転する邦ちゃんの横で口を半開きにして居眠りするわけにもいかない。それよりも邦ちゃんといろんな話をしてダイビングにいかしたい。そんなことを思って道中、私たちはひたすらおしゃべりをしていた。濃い霧の中で明日のダイビングのことを考えると質の良い緊張感が全身を駆け抜ける。ほどよい興奮状態と邦ちゃんとの楽しいおしゃべりのおかげで、私は意識不明に陥ることなく元気でいることができた。

半分以上がどうでもいいバカ話の中、時々はシリアスな話もした。ダイビングの話になった時の邦ちゃんの言葉が忘れられない。

「先生と千秋ちゃんがいるから安心して潜れる。出会えてよかった」

この言葉を裏切ってはいけないと思った。

「私をヨイショしたって何にも出ないよ」

「何も出してくれなくていいから、海で潜る時、いつも一緒にいてよ」

「当ったり前じゃない。だって私も三人で潜る時が一番楽しいもん。時々、先生怖いけど……。私も先生と邦ちゃんと出会えてよかった」

辺りが暗くなりかけた遅い夕方、海洋公園近くの民宿に到着し先生と合流した。部屋に荷物を入れたあと、「腹が減った」とびーびー騒ぐ私を黙らせるためにということで食事に出かけ、夜は近くの港を散歩した。先生とかわりばんこに車椅子を押しながら、月の光に照らされた漁港をゆっくり一周した。

三人で空を見上げた。

「明日はいい天気になるぞ！」

先生の言葉が邦ちゃんのナイスダイビングを予感させた。

部屋に戻ってからは、明日のダイビングのことを考える以外にすることがなかった。ミーティングやバカ話はあっても、酒宴余興の類はない、十時消灯、まるで正統派運動部の合宿状態だった。一番下っ端の私が布団を敷かせていただき、ちょっとイビツな川の字になって寝た。

翌朝は日の出とともに目を覚ました。私が目覚まし時計なしで起きるということは、神経のどこかが昂っている証拠だ。横になったまますぐに今日のダイビングのイメージトレーニングをした。今までの経験と教訓をすべて思い出しシミュレーションしてみる。そういえばバレーボールの選手時代にも試合の日の朝はこんなことをしていた。長年の習性というのはなかなか抜けないものだ。

しばらく壁のほうを向いて寝たふりをしていたら、隣の布団に寝ていた先生に背中を小突かれた。そして朝一番の指令を受けて私は外に飛び出し、空模様と風のチェックをした。湿度が高かったが、晴天無風の静かな夏の朝だった。アジの干物をメインディッシュとする朝ご飯を食べ、水中ビデオカメラを入念にセットして二台の車で海洋公園へ向かった。

体力勝負

八時前に海洋公園に着いた。シーズン中の日曜日なので道路や駐車場の混雑を避けて早めに行動した。駐車場に車を止め、器材を運ぶ。セッティングの場所を確保したらすぐにタンクを三本レンタルする。

冷ややかに笑われるのがわかっていたので誰にも話したことはないのだが、当時、私は一度にタンク三本を運ぶ方法はないかということをかなり真剣に考えていた。BCをつけたらそれは可能だが、何も道具を使わずに裸のタンクを三本いっぺんに運ぶことができたらどんなに画期的だろうと思っていたのだ。でも腕は二本しかないし、もう一本を口にくわえるわけにも足で転がすわけにもいかないので、やっぱりその構想はボツになった。

私はいつものようにまず自分の準備から始めた。先生や邦ちゃんがウェットスーツを着始める前に自分のことをやっておく。ウェットスーツを着てブーツを履いて、マスクやフィン、グローブなどをひとまとめにしておく。マスクの曇り止めは先生と邦ちゃんのぶんも一緒にやってしまう。無駄な動きはこの際厳禁だ。

ここまでやったら、三人分のタンクをBCに取り付けレギュレーターもセットする。邦ちゃんの場合はタンクのどの高さにBCを固定するか、その日のタンクの大きさによって微妙に変わる。タンクの位置が水中でのバランスを大きく左右するからだ。だから邦ちゃんの器材をセッティングする時は必ず「これでいい?」と本人の確認と同意を得るようにしている。ウエイトに関しても同じだ。

器材のセッティングはいつも私がやっていた。前にも書いたが車椅子に座った状態では危険なこともあるからだ。中には自分ですべてやっている車椅子の人もいるが、邦ちゃんの場合は大きく前傾する姿勢はきつく、本人も怖がっている。万一車椅子から前のめりに転げ落ちたり、タンクを倒して周囲の人の足に当ったりしたら大変だ。この時器材が破損してそれに気づかないまま海に入ったら事故にもつながりかねないし、何よりも無理なことをして人間がケガをするということを避けなければならない。

タンクのあとは先生と邦ちゃんの三点セットのチェックだ。それぞれのウエイトの準備も同時にする。三人分のタンクを並べて寝かせ、三点セットやグローブ、ウエイトも一緒にそれぞれの場所に置くと一通りの準備は終わりだ。さらに、海から上がってシャワー、着替え……の段取りまでしておくと、よりポイントが高くなる。夏の猛暑の時期はウェットスーツを着るのと器材の準備をするのが逆になることもあるが、たいていの場合、私は基本的にこのパターンで進める。あとは、邦ちゃんがウェットスーツを着るのを手伝ったり、そのほかの雑用に走ったりする。ダイビングの前後にコーヒーなどを飲んで優雅にくつろげる身分になったのはだいぶあとになってからだ。

当時はどうしたら限られた時間の中でたくさんの仕事ができるかを自分なりに考え、意識してスピードアップに挑んでいたように思う。先生が「おーい、行くぞ」と言った時にはもう完璧に準備が整っていなければならなかった。ウェットスーツを着ることから、器材の準備、潜ったあとのすべてのあと片付けまで、三人で潜る時には私にはいつも一人×三人分の仕事があった。しかもミスは絶対にNGだ。三歩以上の移動は駆け足。「えーと……」などと言っている場合ではなかったのでセッティングも一発で覚えた。

「目をつぶってでもできるようになれ。体に感覚を叩き込め」

先生からはこうも言われた。ワッセワッセと準備をして、抜かりがないことを確認して「はい、オッケーです！」と言う瞬間が快感だった。当時と比べたらだいぶ鈍ったかもしれないが、今でも悠長にやっていたら後ろから先生にケトばされそうな気がしてまったく気が抜けない。

海洋公園にはエントリーする場所がいくつかあるが、この日は諸々の条件を踏まえて『オクリダシの入江』からということになった。そこへ行くためには小さな山をひとつ越えなければならない。オクリダシの入江から潜ろうとするダイバーは、器材を背負って登山者のように「こんにちは～」などと言いながらこの山を越える。

この日も大学病院の仲間が数人来ることになっていたが、海洋公園到着の時刻が少しずれたため、山越えの時は先生と邦ちゃんと私の三人だけだった。それはすなわち、問答無用で私が三人分の器材を全部運ぶということを意味していた。両手の指をボキボキ鳴らし（実際には鳴らないのだが）、「よーし！」と言って自ら気合を確認した。

器材の準備をした場所から山を登り始めるまでの平坦なところは、邦ちゃんは自分で車椅子をこぎ、そこからは先生がおぶった。私は三人分の器材全部とビデオカメラをひとりで運ぶことになる。頭を急回転させて計算する。時々逆回転になってしまいそうになるのを堪え、どうしたら効率よく運べるかをパズルを解くように考えてみる。

左右のバランスを考えて上手くいけば二往復で済むようだ。一回あたりの重量を軽くして三往復するという妥協案をあっさり捨てて、いざ山越えだ。

まずは邦ちゃんの器材とビデオカメラを運ぼう。タンクを背負い、先生と邦ちゃんのウエイトをダブルで腰に巻き、ハウジングを被せて一段と重さを増したビデオカメラを両手に持って両手首には彼らのフィン、マスクのストラップを引っ掛ける。本格的に潜る前にウォーミングアップを兼ねてシュノーケリングをすると言っていたので、最低でも先生と邦ちゃんの三点セットとウエイトが必要なのだ。邦ちゃんのタンク（BC）もそばにあったほうが事前の準備などができて安心だろう。ビデオカメラもデリケートなものだから先に運びたかった。

入江のゴロタの上に持ってきたものを全部置いて、私は駆け足で元の場所に戻った。次に自分のタンクを背負い、ウエイトを腰に巻き、先生のタンクと残りの小物を両手にバランス良く持って二回目の山越えをした。途中、何度かタンクを持ち替え、手をぶらぶらさせて筋肉を休ませた。それでもジワジワと溜まる乳酸は気合でぶっ飛ばした。ちょっと休憩を……という欲求は、大っ嫌いなヘビを見てしまったことによってキャンセルになった。これはきっと先生がヘビに姿を変えて「早く来い」と言っているのだと解釈し、ひたすら前進した。

　こうしてあっという間に三人分の器材とビデオカメラを運んでしまった。潜ったあとは当然この逆コースである。いやはや、私の体力もまだまだ捨てたものではない。腰を痛めバレーボールをやめた人間だと誰が信じるだろう。あれ以来、格段に普段の運動量は減っていたが、この心肺の強さや筋肉の瞬発力、持久力は変わっていないようだった。いや、むしろ選手時代よりもタフになっているのではないかとも思えた。

　何がこうさせるのか。今朝、民宿でてんこ盛りのご飯を食べたからだろうか。それだけではない。私は自分がしていることを先生に認めてもらいたかったのだと思う。その気持ちが私にパワーを与えてくれたのだ。キツイことも喜びと思える不思議なパワーだ。

　先生と邦ちゃんはシュノーケリングを終えていた。私のウォーミングアップはもういい加減に十分である。ウェットスーツはもはやサウナスーツ状態だった。まもなく友人たちも合流して賑やかな入江になったが、邦ちゃんのダイビングには先生と私だけが付くことになった。

オクリダシの入江

『オクリダシの入江』は文字通り入江になっているので、波やうねりの影響を受けにくい天然のプールのようだ。ここに来るまでの移動は大変だが、約一名、力持ちの運び屋がいるし、静かな海ではエントリーも楽なので邦ちゃんのダイビングには適当だろうと先生が判断した。

三人で海に入った。入ってすぐに真水がさすところがあってそこだけは水温がぐっと下がっている。視覚的にも密度の違う海水と淡水が混じり合うので、モヤモヤしていてすぐにわかる。その周りにはソラスズメダイが群れていて、鮮やかな空色はダイバーの目を十分に楽しませてくれる。一見して真鶴とはまた違った空間、生態系だ。

先生は邦ちゃんを支えながら水面移動をして沖に向かう。いくら静かな海でも、波打ち際は崩れた波に足元をすくわれることがある。水の力は偉大だ。重たい器材を装着し、足にはフィンを履いているダイバーを簡単に転ばすことができる。自分自身も危ないし、前後にいるほかのダイバーを巻き込んで迷惑をかけることもある。ビーチからエントリーした時はできるだけすばやく沖に出ること、エキジットの時もできるだけすばやく岸に上がること。先生からいつも厳しく言われていたことだ。見た目がスマートでカッコイイだけでなく、安全に関してもとても大事なことだ。

「波打ち際でいつまでもモタモタしていて、コケたりひっくり返ったりするのは危険だし、みっともない。おまえは絶対にそんなことはするな。波にケツを向けるな！」

それができないと百叩きモンだった。

先生と邦ちゃんを私はビデオカメラを持って追っていた。水面移動の途中で邦ちゃんが何かを訴えている。よく見るとウエイトが脚のほうへずれてしまっている。すぐにこのことを先生に伝え、水面でベルトを締め直した。ところが、まもなく潜降して六〜七メートル潜ったところでまた同じようにウエイトがずれ落ちてしまった。これでもかというくらいにきつく締めたが効果は薄く、結局、ウエイトはベルトごと邦ちゃんのタンクのバルブ付近に引っ掛けた状態でダイビングを続行した。

邦ちゃんのウエストにはいわゆるくびれというものがない。だから男の力できつく締めたつもりでも引っ掛かるところがなく、どうしても筋肉が萎えて細くなった脚のほうへずれてしまうのだ。ずれる、直すの作業を何度も水中でやるのは双方にとってストレスになるし、楽しく遊ぶ時間も減ってしまう。ウエイトはとても大事なアイテムだが、一度きちんと装着したらあとはほとんど気にしなくていいはずのものなのだ。それよりもほかに意識を集中させなければならないことがたくさんある。一同「これは何とかしよう」と意見が一致し、その後のアイディアと試行錯誤の結果、サスペンダー式のウエイトベルトができあがった。邦ちゃんの手作りだ。もちろん非常時にはすぐに体から外せるようにいくつかの工夫がなされている。鉛のウエイト玉は自由に取り外しができるので持ち運びにも便利だ。

先生がウエイトを直している間は私が邦ちゃんの体を支えていた。一旦撮影を中断し、こんな時のためにとハウジングにつけておいた紐を手首にグルグルに巻き、両手を完全にフリーにして邦ちゃんに近づいた。とにかく何かにすがろうという様子で私に飛びついてきた邦ちゃんは、強烈な握力で私の両腕をガシッとつかんだ。初めてのことだった。

邦ちゃんは私を信頼してくれているから飛びついてきたのだ（と思う）。ウェットスーツ越しに彼の気持ちが伝わってくる。私が今するべきことは邦ちゃんが安心していられるように、先生にも余計な負担をかけないように、自分の体をどっしりと安定させることだ。これこそが一緒に潜る時の私の役目なのだ。近くに潜降ロープや根がなかったので三人は中性浮力だけで水中にとどまっていた。

邦ちゃんの全体重を支えても自分の体が沈まないように、そのぶんも計算に入れてすばやく浮力を調整する。先生とはいつも邦ちゃんを挟む格好になれるように（先生とは違う角度から邦ちゃんを見られるように）自分のポジションを決める。片膝を曲げ腿の上にそっくり邦ちゃんのお尻を乗せてしまうこともあるし、単にタンクやBCの一部をつかんで支えることもある。臨機応変に、そして自分にとっても邦ちゃんにとっても無理のない自然な体勢でいることが一番いいように思う。

そういえば、私は先生から中性浮力の取り方を教わった記憶がない。先生も教えた記憶はないと堂々と言う。体で覚えろということだけしか教わっていない。本屋でテキストを立ち読みして理屈はわかっていたが、実際には海の中で初めて納得したことばかりだ。やっぱり私には頭よりも体で覚えるやり方が合っているのかもしれない。先生と邦ちゃんと一緒に潜って、いろんな場面でいろんなサポート、アシストをする。例えば今日のような経験が私に技術を教えてくれたのだ。

中性浮力を教えてくれたのはビデオカメラだった。初めは画面がぶれることが多く先生から注意されっぱなしだった。

「こんなんじゃダメだ。見ていて酔いそうだ」

自分でも内心気にしていたことをズバリ指摘された。きれいに撮るためにはカメラを持った自分が動かないことが一番だと思い、やがて水中のどこにいてもピタッと止まっていられるコツを自然とつかんだ。私はいつでも人間三脚になることができる。

また両手がふさがっていることが多いためか、耳抜きも手を使わず唾を飲み込んだりアゴを少し動かすだけで確実にできた。

「千秋ちゃんの耳抜きシーンを見たことがないんだけど、しなくても平気なの？」

多くの人から問われたが、密かにこういう方法でやっていたのだ。肺活量のわりにはエアーの持ちもいいようだし……。どうやら私の体は急激にダイバー的進化をしていったようだ。

「あいつ（私のこと）は足がデカイから、天然のフィンを履いているようなものだから、あえてフィンは要らないだろう」

こんな失礼な噂もあったようだ。裸足でいると「おまえ、いつまでフィンを履いてるんだよ」と言われたし。まったく余計なお世話なのである。

邦ちゃんはこの日、最大水深二十四メートルまで潜り海中散歩を存分に楽しんだ。途中で先生の手を離れひとりで泳ぐシーンもあった。

岸に上がってからもやや興奮気味に、今自分が見てきた魚の話をしていた。

「東に向けばチョウチョウウオ、西を見ればミノカサゴ、次の瞬間ウツボと目が合って……」

話は止まらない。

あれほど水を怖がっていた邦ちゃんが、ウエイトのトラブルがあっても少しも慌てることなく冷静に対処できたのも、プールでの練習の成果だろう。エントリー前に万全な準備と確認をすることはもちろん大事だが、水中では何が起こるかわからない。何があっても冷静に正確に対処できるダイバーになりたいと思った。

先生と邦ちゃんと潜る一本には本当にたくさんのことが凝縮されていて、私はそこからすべてのことを学んでいった。たぶんどんなレクチャーでもどんなテキストでも学べない貴重なことばかりだ。できない時は怒られる。泣きながら次はどうしたらいいかを考える。それができるようになるとまたひとつレベルの高いところで怒られる。また泣く。この繰り返しで私はダイビングを覚えていった。

海の中で（陸上でも）先生や邦ちゃんが何を言おうとしているのか先を読み、正しく解釈してリクエスト通りのサポートができた時は何よりもうれしいし、力が湧く。『当意即妙』という言葉もこの時期に覚えた。「まさしくこのことじゃん！」と思った。

私は三人で潜ることが楽しくて仕方がなかった。

どんなに先生に怒られて泣いても三人で潜ったあとには不思議な充実感があって、それが麻薬のようになっていたのかもしれない。決して「海〜ィ、ダ、ダ、ダイビング〜ゥ」とのた打ち回ったり悶絶していたわけではないが、潜ったあとの快感を思うと麻薬説は否定できない。

ウイルス説もある。邦ちゃんも私も近藤型ダイビングウイルスにあっさり感染し、強力な抗体を持つようになっていた。

「よくやってくれた。邦を潜らすにはおまえの力が必要だ」

滅多に聞けない先生のお言葉にすっかり喜んでしまった私は、帰りにケーキを二個もごちそうになってますますご機嫌だった。

今日は記録ノートに書くことがたくさんあるぞ。

お母さんも泣いた

海洋公園でナイスダイビングをしてきた邦ちゃんは、ますます海の虜になったようだ。それに比例するかのように、ますます内容の濃い経験を積み重ねていった。また、この貴重なケース、体験の記録を卒業論文として残そうという、かねてからの話も具体化してきて、私の鼻息も荒くなっていった。

こんな邦ちゃんも、実はダイビングを始めたばかりの頃はそのことをご両親にはナイショにしていた。「陰になり日向になって支え続けてくれた両親の胸中を思うと、どうしても打ち明けられなかった」と言う。

それに、スキューバダイビングをやったことのない人にとっては危険なスポーツというイメージが強いようで、まして障害のある自分がこれをやっているなどとは口に出せなかったのだ。どうせ反対されるに決まっていると思い込んでいたそうだ。ご両親が家に来るという時には、あらかじめ器材やらウェットスーツやらダイビングを匂わす可能性のあるものはすべて隣の家に避難させていたというほど、徹底的に隠密行動を取っていた。

でも運命的に先生と出会い、練習を重ね、協力してくれる仲間もたくさんいて、微力ながらとりあえず私もいて、実際に海でも何本か潜っている。大枚はたいて器材も買ってしまった。それによく考えると何も隠す必要はないのかもしれない。

障害があっても環境が整えばダイビングはできるということを邦ちゃんは実証した。三人で相談した結果、既成事実を盾にして告白することになった。私の卒論、卒業に絡む話でもあるのでヒトゴトではない。

七月末、東海大学病院職員の納涼祭があった。邦ちゃんに誘われて先生と私も行く約束をしていた。静岡からお母さんも来るという。

この日の昼間、私は先生と真鶴で潜っていた。一旦家に帰り、支度をして夕方先生の車に拾ってもらい会場に向かった。相変わらず私が「腹が減った」と悲しい顔をするので、途中でまず腹ごしらえをした。その時間を使ってお母さんへの告白の打ち合わせもした。

会場に着くと、冷たいジュースとビールを売る的屋のオヤジ然とした邦ちゃんがいた。いつものダイビング仲間も大勢いて実に賑やかである。私たち三人は暗闇に紛れて怪しげに円陣を組み、告白の最終打ち合わせをした。それぞれの役割と台詞の確認、お母さんに見てもらう写真のチェックなどである。

いよいよ行動開始。

お母さんに会うのは初めてだったので、邦ちゃんが間に入ってお互いを紹介するという形で対面した。母と息子はとてもよく似ていて、まるで鏡合わせのようだった。

ご当地名産のサクラエビのかき揚げをたくさん作ってきてくれて、私たちは遠慮のカケラもなくそれをごちそうになった。邦ちゃんが日本一だと称えるオフクロのかき揚げだ。

「実は、お母さん……」

先生が少し改まった口調で話し始めた。

思わず邦ちゃんも私も、そしてお母さんまでも背筋を伸ばした。

邦ちゃんが今スキューバダイビングをやっていること、自分がいるから大丈夫だということ、こいつ（私のこと）も一緒に潜っていて卒論を書くということを順を追って説明した。邦ちゃんがどんなに海に憧れていたか、どんなに頑張ってここまで潜ってきたか、そして今はどんなに楽しく潜っているかを、用意していた写真を見せながら語った。

写真は大学のプールサイドで固まっていた時のものではなく、最近の、余裕の笑顔でVサインなんかしているものばかりを厳選して持って行ったのだ。邦ちゃんと私は傍らで、瞳に星が入った少女マンガの主人公のような目でお母さんに熱い視線をバシバシ送っていた。

お母さんが両手で持っていたかき揚げのお皿だけが、夏の宵の中でひっそりと宙に浮いていた。

先生の筋の通った大人の説得と情熱が伝わったのだろう。お母さんは写真をじっと見つめながら泣いていた。そして「まったくこの子は……」という視線をちらっと息子に向けたあと、先生と私のほうを向いて深く頭を下げた。

「よろしくお願いします」

これからもっと頑張って写真もビデオも上手く撮って、もう一度お母さんに泣いてもらおうと思った。もちろん文句ナシの感激の涙だ。

作戦成功。予定通り！

こうして邦ちゃんの秘密はなくなり、いつご両親が来ても堂々と器材を出しておけるようになった。

写真はその場でお母さんにプレゼントした。

静岡に帰ったあと、この写真を誇らしげにご近所中に見せてまわったというホットなエピソードも、あとになって聞いた。

五章　夢のCカード

一九九〇年夏の記録　真鶴編 その一

この年の夏は邦ちゃんも私も、ウェットスーツや器材が乾いているヒマがないくらい本当によく潜った。

一本一本が貴重な経験であり、その積み重ねが確かな技術となる。

数多く潜った中で特に印象深い何本かを、ノートの記録と私の記憶を頼りにして振り返ってみようと思う。

八月三日（金）
先生と邦ちゃん二人だけでのダイビングとなった。いつもコバンザメのようにぴったりとくっついていた私は、ちょうど大学のキャンプ指導実習と重なり赤城の山に十日間こもっていたのだ。毎日、山の澄んだ空気を吸い、獲れたての高原レタスをまるかじりし、カブト虫と戯れ、すばらしく贅沢な日々を過ごしていたのだがやっぱり海が恋しかった。

この日、先生と邦ちゃんが真鶴に行くことは前から知っていたので、私は夜、ふたりに電話をして海の様子を訊ねた。

台風十号の影響でいつもは湖のように静かな真鶴も今日は大荒れ、最悪のコンディションだったという。それでも当日、あの辺りでダイビングが可能な海は真鶴だけだっただろう、と先生は言っていた。わずかな望みを持って海洋公園をキャンセルして真鶴に寄ったダイバーもいたらしいが、多くの人が猛る海を見て帰って行ったというから相当キツイ状態だったのだろう。これほどの荒天になってしまったのは、ひとり海に行けない私が山で暴れていたからだとか、山で呪っていたからだとか一方的に私のせいにされたが、私は晴れ女だ。赤城の山は毎日ピーカンだった。ともかく、そんな海に先生と邦ちゃんは入っていったという。

エントリーの時、邦ちゃんは大きな波を受けて岩に体をぶつけられた。これに動揺したのか、カゼを引いていたわけでもないのにその後の耳抜きが上手くいかず、サザエ根に向かう途中で岸に引き返した。どんなに体力があっても、技術があっても、やる気や根性があっても、耳が抜けなければどうしようもない。ダイビングはできないのだ。エキジットの時もうねりと波でバランスを崩し苦労した。

「今日は邦もおれも、イヤに体が軽くてフラフラしていた」

先生もこう言っていた。海の状態だけではなく、ダイバー側の調子もベストではなかったのかもしれない。荒れた海はダイバーの精神的な焦りや動揺を招くことがある。いつもできていることができなくなることもある。

「今日、邦、潜れなかったよ。耳が全然抜けなかった。おまえがいたら潜れたかもしれない。うーん、潜れていただろうなぁ」

「でも水面を泳ぐところまではできていたんですし、あとは耳さえ抜けたら潜ってたんでしょう？　たまたま調子が悪かっただけかもしれない」

「うん。でもおまえのように気心が知れていて、こっちが何も言わなくてもサッと手伝ってくれるヤツがいたほうがいい。精神的なものもあるからな。誰でもいいってわけじゃないんだ」

そのあとで邦ちゃんもこんなことを言っていた。

「今日、初めて千秋ちゃんがいなかったんだよね。いないとやっぱりダメ〜」

「やっぱりそうでしょう？　……なんてウソウソ。私だって調子が悪いときは耳、抜けにくいよ。それにいつもいつも私が一緒とは限らない。みんなが帰っていく中で海に入ったんだからすごいと思うよ。全然失敗なんかじゃない。次は潜れるよ」

「でも、もし今日千秋ちゃんが一緒にいたら、絶対に潜ってたと思うんだ。先生もそう言ってた。耳が抜ける抜けないは精神的なものもあるんだ。おれの場合は特にそうかもしれない。ほら、おれってデリケートでしょ？　波打ち際で体がひっくり返ったりしたことは大した問題じゃなかった。そういうトレーニングをしてきたし、レギュレーターをくわえていれば溺れることもないから。先生がついていてくれるから信じていればいいんだし。でも今日は心のどこかが焦っていたんだろうなぁ」

うれしかった。いずれは私が卒業していなくなっても、いつでもどこでも潜れるようになるのだろうが、少なくとも今は、私は先生と邦ちゃんに必要とされている。私は勝手にそう思い込んで、また大きな力をもらったような快感を味わっていた。同時に身が引き締まる思いもした。

「おまえなんかいなくたって、ちゃんと潜れるもんね。全然困んないもんね」

逆にこんなふうに言われたら、軽い目眩とともによろけていたかもしれない。

先生と邦ちゃんにとって私が必要というよりも、私にとってふたりが必要だった。ふたりがいてくれることで、私が私でいられるような気がした。

せっかく海に入っていながら潜れなかったという結果は残念だったが、これも海の厳しさを知るためのひとつの経験だろう。

誰でも一度はこんな経験をするのではないだろうか。潜れなかったことは敗北ではない。むしろ状況を見極めて引き返すこと、休む勇気を持つことも自然の中では大事なことだ。

電話を終えてふたりからもらった言葉が零れ落ちないうちに、私は宿舎の裸電球の下でノートをつけた。荷物を軽くするために記録ノートは持って来ていなかったので、大学のレポート用紙を使った。いつもは実習記録をサササッと書いてすぐに仲間との夜食タイムに入るのに、その日はずいぶん長い時間机に向かってゴシゴシと字を書いたように思う。自分が海に入らなかったという日でも、邦ちゃんのことはこうしてノートに記録していた。

後日、あの日真鶴に行ったという大学の後輩ダイバーから電話をもらった。器材を装着して岸まで行ったものの、猛る波を見てエントリーをドタキャンしたら先生に張り倒されそうになって、荒れる海よりもこっちのほうが恐ろしかったと言っていた。

「おまえ、今度いっぺん高坂《こうさか》（私の旧姓）と一緒に潜ってみろ。あいつはこういう海でも男三、四人連れてちゃんと潜るぞ。喜んで鼻歌も歌うぞ」

思いっきり気合を入れられたという。

そこで彼は、彼なりに抱いた大きな疑問を私にぶつけてきた。

「千秋さん、一体先生からどんな厳しい講習を受けてるんっすか？　私は不思議っす」

私はこう答えたと思う。

「私にもよくわかんないんだけど、いつのまにか先生と邦ちゃんのダイビングにくっついて潜っていたのよね」

一九九〇年夏の記録　真鶴編 その二

八月八日（水）
多少の禁断症状は出たものの何とか無事に下山し、潮気を求めて真鶴へ行った。
先日は台風の影響でかなり荒れたようだが、今日はいつもの穏やかな海だ。朝、強い雨が降ったが海に着く頃にはぱーっと晴れ、海の上には特大の元気のいい虹が出ていた。思わず頬が緩む。

おかげで前回の台風は決して私のせいではないことを証明できた。邦ちゃんの体調も良くコンディションはベスト。いいダイビングができそうだ。

この日は地元真鶴と海のない山梨県からチビッコたちが大勢集まっての楽しい交流会があった。磯遊びや体験ダイビングにはしゃぐチビッコの間をすり抜け、私たちも海に入った。

子供たちの好奇心いっぱいの視線を感じた。この子たちも海との関わりの中からすばらしい発見をして、自分が進むべき道を自分で見つけられるようなたくましい体験をしてほしいと思った。

エントリーの直後、何かの拍子に邦ちゃんのマスクが外れた。でも彼はいつになく落ち着いていて、何事もなかったかのようにマスククリアをした。前回苦労した耳抜きもスムーズだった。さらにウエイトもベルトをサスペンダー式に改造したので、もうずれ落ちることはなく、ダイビングを楽しむことにより集中できるようになった。

私はビデオ撮影に専念した。

先日「おまえがいたら潜れていたかもしれない」と言われたばかりなのでいささかプレッシャーも感じてはいたが、その感情は自分の心の中にだけしまっておくことにした。

エントリーとエキジット、水面移動、潜降の時は邦ちゃんは先生のサポートを必要とするが、潜ってしまえば自力でかなり自由に泳ぐことができる。先生はそれをそばで見守る。いつも同じ場所にいるウツボの親分に再会の挨拶をして、のんびりと水深十五メートルの世界を楽しんだ。

邦ちゃんはもう大学のプールで固まっていた頃とは明らかに別人のようで、全身で上手くバランスを取りながら余裕を持って潜っている。心の底から海に惚れ、先生を尊敬し信頼し、そして何よりもダイビングを真剣に楽しんでいるという気持ちを全身で表現している。

しばらく遊んでいると先生に手招きで呼ばれた。何かサインを出している。

「おれはコンパスを持っていない。おまえは一度浮上して岸の方角を確認して来い！」

少し時間がかかって、やっとこれだけのことを理解した。

サザエ根よりも少し沖に出た水深約十五メートルのところから水面までゆっくり浮上して、エキジットするポイントに自分のコンパスを合わせた。再び潜り、先生に報告する。

三人で岸に向かって泳ぎ、サザエ根を交わした辺りで浮上した。

「あっちゃー……」

愕然としながら私はひとつ反省をした。どうして潜る前にコンパスを合わせておかなかったのだろうか。潜るポイントは事前にわかっていて直線コースで往復することもわかっていたのに。いかに先生に頼りっきりだったかを思い知らされた。先生はこの海のことをよく知っているから私はただついて行けばいいんだと甘えていたのだ。それに岸に向かう途中も、岸の方角と距離をこの目で見て確認した私が先生の手を引っ張ってでもリードすべきではなかったのか。方角はバッチリ合っていたものの、もっと岸に近いところで浮上できたら水面移動の距離も短くなって、先生も邦ちゃんも体力的に楽だったのではないか。特に波やうねりが大きい場合は、今日のようなことでは負担が大きくなってしまう。

安全に関わることについては躊躇や遠慮をしてはいけないと思った。以来私は、どんな時でも潜る前には必ずコンパスを合わせるようになった。意識してナビゲーションのトレーニングもした。いつもは技術的なことに関しては多くを語らない先生も、コンパスの使い方とナビゲーションについては理論から実践まで徹底的に教えてくれ

郵便はがき

恐縮ですが
切手を貼っ
てお出しく
ださい

160-0022

東京都新宿区
新宿1－10－1

（株）文芸社

ご愛読者カード係行

書　名			
お買上 書店名	都道府県　　市区郡　　書店		
ふりがな お名前		大正 昭和 平成　年生　歳	
ふりがな ご住所	□□□-□□□□		性別 男・女
お電話 番　号	（書籍ご注文の際に必要です）	ご職業	

お買い求めの動機
1．書店店頭で見て　2．小社の目録を見て　3．人にすすめられて
4．新聞広告、雑誌記事、書評を見て（新聞、雑誌名　　）

上の質問に1．と答えられた方の直接的な動機
1．タイトル　2．著者　3．目次　4．カバーデザイン　5．帯　6．その他（　　）

ご購読新聞	新聞	ご購読雑誌

文芸社の本をお買い求めいただき誠にありがとうございます。
この愛読者カードは今後の小社出版の企画およびイベント等の資料として役立たせていただきます。

本書についてのご意見、ご感想をお聞かせください。

① 内容について

② カバー、タイトルについて

今後、とりあげてほしいテーマを掲げてください。

最近読んでおもしろかった本と、その理由をお聞かせください。

ご自分の研究成果やお考えを出版してみたいというお気持ちはありますか。

ある　　ない　　内容・テーマ（　　　　　　　　　　　）

「ある」場合、小社から出版のご案内を希望されますか。

する　　しない

ご協力ありがとうございました。

〈ブックサービスのご案内〉

小社書籍の直接販売を料金着払いの宅急便サービスにて承っております。ご購入希望がございましたら下の欄に書名と冊数をお書きの上ご返送ください。　（送料１回210円）

ご注文書名	冊数	ご注文書名	冊数
	冊		冊
	冊		冊

たのだ。

海の中でタコと戯れている間に岸の方向がわからなくなってしまったと先生はとぼけていたが、本当は私をテストしたのではないかと今でもそう思えてならない悔しい一本だった。

私にとっては相変わらず反省だらけの一本だったが、先生と邦ちゃんにとっては今までで最高に充実した満足の一本だったようだ。ふたりとも口を揃えてそう言っていた。なおさら悔しい。

一九九〇年夏の記録　大瀬崎編

九月十八日（火）
朝四時半に起きた。というより起こされた。私は五時過ぎに目覚まし時計をセットしていたのに「おれだけが早起きするのは悔しいから、おまえも起きろ」と、自宅を出発する時に先生が電話で朝襲をかけてきたのだ。こうなったら二度寝はキケンだ。おめざのオレンジジュースをグイッと飲み、五時四十五分先生のお迎えの車で邦ちゃんの家へ。途中、いつもの病院の仲間と合流しながら二台の車で西伊豆の付け根、大瀬崎へ向かった。総勢七人。私はまだ大学の夏休み中だったが、社会人の皆様は有給休暇を取っての参加だった。

つい二週間前にも、私は先生とここへ来て潜っていた。

大瀬崎はショップが立ち並ぶそのすぐ目の前がもう海だ。湾内の場合は、天然の囲いの中で潜るようなものなので海が静かなことは言うまでもない。しかもエントリーまでの移動距離が短いのでその点もなかなかよろしい。駐車場からの道も台車を使いやすくするためにコンクリートが敷かれほぼ平坦なのでとても便利だ。もちろん海の中も独特の神秘性があって面白い。「今度邦ちゃんと来よう」とこの時から話していたのだ。

途中、新幹線で来た仲間のひとりを三島駅でピックアップし、朝食も摂り、大瀬崎には九時に到着した。一度来て勝手がわかっている私はここでもスピーディーな準備を心がけた。いつゴーサインが出ても即応できるように、先生の動きと周りの様子を見ながら手を動かす。隙を見て口も動かす。

こう言うと、いかにも時間に追われながらバタバタと準備をしていると思われるかもしれないがそうではない。すばやい準備は潜る前の余裕になるのだ。私はその余裕を大事に思っている。準備をまず完璧に済ませていつでも海に入れる状態にしておけば、直前になって慌てることはない。時間の余裕は気持ちの余裕でもある。その間に一緒に潜る人と話をしたり、波や潮の状態を観察して有益な情報を得ることもできる。先生も潜る前のこの時間、お互いのコミュニケーションというのをとても大切にしている。もちろん潜ったあとも同じだ。それにトロトロやっていてみんなを待たせ、ひとり慌てて海に入って行くのは傍目にもみっともない。事故はそういう時に起こることが多いそうだ。先生が「もたもたすんな」と厳しく言うのも、きっとそういうことを教えてくれていたのだと思う。

だから私は、先生や邦ちゃんと話をする時間をできるだけ多く持つために早く準備をしている。バカ話でもいいのだ。気持ちの余裕が安全で楽しいダイビングにつながると信じている。

邦ちゃんはこの日初めて一日に二本潜った。海が静かで、エントリーやエキジットも楽で、体調も良く、二本潜ることに関しては何の不安要素もなかった。

気の合う愉快な仲間の存在も大きい。彼らはただ愉快なだけでなく、必要なところで必要な力をさりげなく貸してくれる。例えば邦ちゃんが海から上がる時、シャワーを浴びたり着替えたりする時、何の打ち合わせがなくても彼らはちゃんとそこにいて、邦ちゃんが物理的にできないこと（車椅子で段差を越える、重い荷物を持つなど）を手伝うのだ。かといって必要以上に手助けをしたり車椅子を押すことはしない。

「邦ちゃん本当は歩けるんだろう？　自分で歩いて行けよ。ガハハ」

「そんなこと言わないで〜。ガハハ」

平気でこんなやりとりをしたり、時々わざとするかわいい意地悪合戦も笑ってやりすごせる。やってもらっているとか、やってあげているといった意識はまったくなく、まるでライターを持っていない人に横からサッと火を貸すような本当に自然なコミュニケーションだ。こういう仲間がいると先生はダイビングそのものにより集中力を発揮できる。それが邦ちゃんのツーダイブにつながったのかもしれない。

私はビデオカメラでの撮影に専念することになった。もちろん、いつでも先生のアシストに回る用意はしてある。

一本目、邦ちゃんのウエイト調整と耳抜きが上手くいかず、潜降に少し時間がかかった。私は先に潜って下から水面を見上げる格好でビデオカメラを回していたが、一度浮上して先生の指示を仰ぎ再び潜降、今日は初めて邦ちゃんの潜降シーンを下から撮った。

最初の耳抜きさえできたら邦ちゃんは大丈夫。移動（水面、水中）以外は先生は邦ちゃんを放し三人ともかなりフリーな状態で潜っていたので、撮影主任の私もここぞとばかりに冒険的な面白いアングルで撮ることができた。前後左右、上下斜め、アップにしたり引いてみたり、いろんな角度からの撮影に挑戦した。今までは邦ちゃんの横に張り付いていることが多かったので、映像が同じアングルばかりになってしまっていたのを私自身気にしていたのだ。海も明るく、撮影していてとても楽しかった。

昼食に玉子丼の大盛りを食べて、さらに人のぶんまで取って食べて腹八分目になったところで本日の二本目。午後は七人全員で潜った。男五人と女二人、いやはや、陸上にいる時と同様まったくにぎにぎしい一本だった。

潜り始めてすぐに先生と邦ちゃんのウエイトがオーバーだということで、私はふたりから一キロずつのウエイトを海の中で手渡された。真鶴だったら海の中に置いておいてエキジットする前にまた拾う、という合理的なことができたのだが、大瀬崎はまだ地形が頭に入っておらず、しかも砂地が多いのでウエイトが迷子になってしまったら大変と思い肌身離さず持っていることにした。タンク（アルミ製）が軽くなるダイビングの後半にまた必要になるかもしれないし。私自身も邦ちゃんと一緒に潜る時はウエイトをややオーバー気味にしているのに、さらにプラス二キロになってしまったのでＢＣに結構な量の空気を入れて浮力を調整した。それにしても邦ちゃんがいつもより少ないウエイトで潜っているということは、精神的に落ち着いていて技術もしっかりしてきたということなのだろう。

帰りは小田原に寄ってみんなでチャンコ鍋をつついた。話題は終始邦ちゃんのダイビングのことばかりだった。どうしたらもっと上手く楽に潜らせることができるか、先生を中心にずいぶん話をした。卒論の話も出て、もうあとには引けなくなった。新幹線で帰る仲間と小田原駅で別れて一同は邦ちゃんの家へ直行、今日撮ったビデオの試写会をした。余裕のある邦ちゃんを余裕を持って撮れたので出来栄えもなかなかだ、と自画自賛した。

写真やビデオはいつも私が撮っていた。だから当然撮影者本人は写っていない。私はあの頃の自分の姿を客観的に見ることができなかった。時々先生が撮影を代わってくれたこともあったが、私の出演時間は三秒とか、ある時は足だけ手だけ、という具合だった。そのぶん記録ノートを書いた。卒論を書いた。先生と邦ちゃんから実践を通してたくさんのことを教わった。自分の写真や映像がほとんど残っていなくても、私にはかけがえのない貴重な体験と記録がある。何百枚も何千枚も心のシャッターを押してきた。そう思っている。

大瀬崎で潜った翌日、邦ちゃんは両方の太ももが筋肉痛になったと言って喜んでいた。これは確かに自分の力で泳いだといううれしい証しだ。

「眉毛に白髪が混じっていることは大いに気になるけれど、運動の翌日に筋肉痛が出たんだから自分の肉体はまだ若い」

自らの肉体の若さを堂々と自慢していた邦ちゃん。私の場合はたいていその日のうちに背中が筋肉痛になって朝までには治っている。

お互い筋肉痛発生までの時間を競って若さを自慢し合ってもしょうがないのだが、日頃車椅子で、脚の筋肉をあまり使う機会のない邦ちゃんにとって、脚が筋肉痛になるということは実に画期的なことなのだろう。邦ちゃんにとってダイビングは楽しい遊び、趣味というだけでなく、大きな負荷をかけずに骨や筋肉や内臓に良い刺激を与えられる効果的な身体運動でもあるようだ。

Cカード取得

その年の九月十六日、CMASから邦ちゃんのCカードが発行された。それは翌月になってから講習の修了証とともに邦ちゃんの手に渡った。車椅子の邦ちゃんをダイバーとして認定したインストラクターは、もちろん先生だった。このCカード取得を邦ちゃんはことのほか喜んだ。

C（Certification）カードはスキューバダイビングに関する知識や技術について、各指導団体が定めた内容の講習を修了した人に与えられるものである。国内でも海外でもどこかで潜ろうとした場合、申し込みの際にはCカードの提示を求められる。つまり、きちんと講習を受けたことを証明できる人でなければ、原則としてタンクをレンタルすることができないということだ。

でも邦ちゃんのCカード取得は、単に「はい、講習が終わりましたよ。潜れますよ」というだけで説明される類のものではない。一枚の小さなカードだが、今まで試行錯誤を繰り返しながらいろんなハードルを乗り越えてきた、その努力の過程が認められた重みのある一枚だと思う。私だけではない、インストラクターである先生をはじめ邦ちゃんのダイビングに関わった人はみんなそう思うだろう。

よく「スキューバダイビングのライセンス」という表現を耳にするが、Cカードはライセンスとは少し違う。自動車の運転免許や危険物取扱いなどのような公的な資格（ライセンス）ではなく、あくまでもダイビングの講習が修了したことを証明するだけの、いわば認定証なのだ。決して百パーセントの安全を保証するものではない。だからカードを持った瞬間にもう一人前のダイバーになったような気になるのはとても危険なことだと思う。試験前に友人のノートをコピーしただけですっかり勉強した気になってしまうということよりもはるかに危険度は高い。ダイビングの事故の原因のほとんどは、ちょっとした油断や過信によるものだそうだ。どんなに本数を重ねて技術を磨いても、Cカードを持っているからといって自分の力を過信してはいけない。

一緒にダイビングを始めた私にも邦ちゃんと番号続きでCカードが発行された。そして九月二十三日、先生と真鶴で潜った帰りの車の中でこれを押しいただいた。この時すでに私はもう三十本以上も潜っていた。その内容は先生曰く「オープンウォーターを通り越してダイブマスター並み」なのだそうだが、私には難しいことはよくわからなかった。そういうランクがあること自体あまりよく把握していなかったので聞き流すことにし、Cカード取得をひとつの踏み台にしてもっとデカくなってやろうと密かに思っていた。ゴールではない、あくまでも通過点なのだと。

先生のようなレベルの高い人と潜っていたせいか、私はいつも自分の未熟さを痛感していた。いつになったら、あと何本潜ったら先生の足下に及べるのだろう。のちにダイブマスターのカードを持つようになったが、カードのランクよりも先生に「よし！」と言ってもらえた時が本当のランクアップだと思っている。

「百本しか潜っていないダイブマスターもいるし、千本潜ったオープンウォーターもいる。カードのランクや経験本数、どこそこの海で潜ったとか、そういうことを単純に自慢するようではダメだ」と厳しく教えられた。

いつもビシバシやられていたので、カードがゴールという思考回路は私たちにはなかった。邦ちゃんも同じだ。喜びを力にしてもっと経験を積んで、もっとすばらしいダイビングをしようと思っただけだ。

修了証はフレームに入れて部屋に飾ることにした。感謝状や賞状をもらうような立派な人間ではないのでせめてもと思ったのだ。邦ちゃんにも色違いの同じフレームを買ってプレゼントした。邦ちゃんは自宅リビングの壁に自分の子供の頃のポートレートを掛けている。自宅に遊びに行った際には、必ず一度は「これ、邦ちゃん？　かわいいね〜」とか「利口そうなお坊ちゃんね〜」とか主の前でひとこと誉め言葉を発しなければならないのだが、そこがお気に入りの場所だということで、ポートレートと並べる形で修了証も飾った。それを見上げる度に邦ちゃんは自信と喜びを改めて実感し、また海に行きたくなるのだそうだ。

六章　海で泣いた

厳しいダイビング

今までにも所々で書いてきた話だが、学生の頃の私はとにかくよく先生に怒られて、いつも泣いていた。普段はやさしくて面白くて冗談を言っては人を笑わせている先生も、海では、特に私の至らないことに関しては怖いくらい本気で私を叱った。それはあのミスター・ダイビングと同じ人物とはとても思えないほどのド迫力だった。決して口やかましいガミガミタイプではなかったが、少ない言葉がかえって私の心に強く響いた。

『叱る』と『怒る』は微妙に意味が違う。『叱る』は本当にその人の将来を思って心をオニにする、手加減と冷静さがある。それに対して『怒る』は手加減という部分が削除される。本当は先生は私を『叱って』くれていたのかもしれないが、当時を振り返るとどうもやっぱり『怒られていた』としか言えないのだ。だからやっぱりここは自信を持って『怒られた』で統一したい。

この厳しいダイビングはある時突然始まったものではなく、今思うと邦ちゃんと潜り始めた時からそんな雰囲気があったように思う。

邦ちゃんが安全に楽しく潜るためには一緒に潜る人の絶対の技術と信頼関係が必要だ。だからそれが高いレベルで私に求められるのは当然のこととして覚悟していた。それにダイビングが上手くなるなら、そういうことは熱烈大歓迎だとも思っていた。それにバレーボールで大学日本一になるという夢が夢で終わってしまった以上、「バレーはできなかったけど、でも私はこれをやりました」と胸を張って堂々と言える何かが欲しかった。

私はそれをダイビングに求め、そして賭けた。

どんな時でも決して手を抜いたり気を緩めていたわけではなく、いつだって私なりに一所懸命にやっていた。見ている人はちゃんと見ていてくれた。それでも準備や後片付けが遅いと「もたもたすんな」と怒られ、エントリーやエキジットでふらついていると「何やってんだよ」と怒られ、一緒に潜っていて先生のリクエストに上手く応えられないでいると「おまえがそんなんでどうする。しっかりしろ」と怒鳴られ……。時々はよくやったとホメてくれることはあったが、九対一くらいの割合でガツンと言われるほうが多かった。これについても周りの人にしっかり見られていた。

先生は加速度的に高度なことを要求した。私はその試練をファイトに変えて潜っていた。でも先生のサインに百パーセント確実に応え、上手にビデオを撮って……ひとりでいろんな役回りをするには常に緊張感が必要だった。ずっと気負って自分にプレッシャーをかけてやってきたので、感情の高まりが涙となって流れ出てしまうのだろう。初志とは大いに矛盾する部分もあるが、たまには力を抜いてふにゃっとなりたかった。

先生もどうして私が泣くのかをちゃんと知っていた。

「おまえが今、どんなにすごいことをやっているか、おれがやらせているか、よくわかってる。邦の命に関わるようなことをおまえにやらせてるんだ。ほかのヤツじゃだめなんだよ。邦も言ってるだろう。おれが保証するから」

そう言われると、人間はますます泣きのツボにはまっていってしまうものである。

「おれだって、あと何年潜っていられるかわからない。だから一緒に潜れる時はおれの持っているものをできるだけおまえに伝えたいと思ってる。たとえどんなにおまえが泣いてもおれはそうする」

先生のこの言葉は、私を確実に支えてくれた。厳しさの裏付けのようなものもこれでハッキリわかった。あんなに泣いたことを少し後悔したが、私の涙が先生と邦ちゃんの笑顔に変わるのなら、結局は最後には私も笑うだろうと思った。

こんな話もある。

ある日、大学の教室で机に突っ伏して午睡をしていた。突然、体がビクッとなって机の上にあった数冊の本を床に払い落としてしまった。周りにいた友人も仰天している。そういえば何かイヤな夢を見ていたような気がする。失敗ダイビングの夢だった。それにしても夢でよかった。

海で先生にしこたま怒られた翌日のできごとだった。私はバレーボールをしていた頃も大きな大会の前にはイヤな夢を続けて見ていた。ユニホームやシューズを忘れる夢、コートで足が一歩も動かずどんどん点数を入れられる夢、セッターとのコンビがまったく合わない夢など……。でも夢の内容が強烈であればあるほど、実際の試合では調子が良かった。ユニホームを忘れる夢を見るとホッとしたものだ。だからダイビングに関してもイヤな夢は吉兆として捉えることにした。何の関係も根拠もないのだが、そう思うことで安心したかったのだと思う。

と強がってみても、自由と楽しさを期待して始めたダイビングでこんなに怒られるとは、正直言って思ってもいなかった。人と競争したり勝敗にこだわったりしなくてもいいところに魅力を感じたのに。つらいとか悲しいとかではなく、どうやっても先生の足下にも及ばない自分の未熟さが悔しかった。泣くのを堪えるあまり唇を強く噛んでそこが口内炎になったことも数えきれない。信じられないような話だが、嘘のようなホントの話だ。

高校のバレー部時代にも厳しい練習に涙を流した経験はある。たまたま練習試合を見に来ていた両親の目の前でコーチから二往復ビンタをくらったこともあった。母は思わず横断幕の陰に隠れたそうだ。

多少のことには動じない、そんな免疫を持った打たれ強いはずの私をいとも簡単に泣かしてしまうのだから、当時の先生は本当に恐ろしかったのだなぁと思う。

「どうでもいいと思ったら、こんなに厳しく言わないよ」

先生は私を泣かしたあとにはいつも決まってこう言った。そうだ、私はどうでもいい存在ではないのだ。だから誇りを持って怒られていた。

さすがに今では当時ほど怒鳴られることはなくなったが、基本的なところはあまり変わってはおらず、私はいつまでも先生に頭が上がらないのである。

隠れて泣く

海やショップにたくさんの人がいる中で、自分だけが泣いているというのはどうもやっぱり浮いてしまう。だから私はいつも隠れて泣いていた。泣くのを我慢するのでなく、身を隠してでも泣き通すところが私らしい。

毎週のように行っていた真鶴で、私はよくエアーチャージの手伝いをさせてもらっていた。そのためか、お昼の出前を持ってきた食堂のオジサンやお客さんにもスタッフと間違われることが多かった。インストラクターを目指して厳しい修業をしていると周囲から思われていたこともあった。

「そんなんじゃないんです」

「へぇーそうだったの？　でも師匠は厳しそうだね」

何人の人とこんな会話をしたことだろう。

コンクリートブロックを積み上げたエアーチャージをする小屋の奥はレンタル用やスタッフ用の器材置き場になっていて、ここが私の隠れ場所、泣き場所だった。

スタッフ以外は誰も入ってこないし、まことに好条件なのだ。お客さんが少ない時はテラスの隅っこに陣取ったこともある。一応死角になるところを選ぶのだが、ここはすぐに先生に見つかってしまった。

私がうつむき加減に、あるいはすでに半泣き状態で海から上がってくると、事情を察したスタッフがそーっと困ってくれた。先生は私が泣き終ってサッパリした顔で出て行くまでは黙って知らんぷりをしてくれていたが、どこに隠れて何をしているかはちゃんと知っていたのだろう。

真鶴以外で潜った時はエアーチャージの小屋に勝手に入るわけにはいかないので、臨機応変に隠れる場所を探して泣いた。所変わってもルーチンワークは変わらないのだ。どこでも共通して言えることだが、一番いいのは海の中である。でもだいたいは海から上がった直後に怒られるので、体や髪の毛が乾く前のまだ海水が滴るうちや、シャワーを浴びている間に泣ききってしまうのがいい。いつも怒られて泣いているとこんな知恵までついてしまう。これは私にとってはマスククリアや中性浮力と同等のダイビングの大事な技術だった。

時には先生の面前で堂々と泣いたこともある。海からの帰り道、車の中でその日のダイビングの話をしている時、何かを思い出したかのように目を赤くすることがあった。ほかの人が同乗した時は引き攣った笑顔でごまかすが、ふたりの時はお互い遠慮がないのでこんなことも度々あった。先生がティッシュペーパーとゴミ箱をすーっと私に差し出してくれた。涙と鼻水を拭いた使用済みティッシュをあとで先生が処分してくれていたのだと思うと、本当にごめんなさいという気持ちになる。

なるべく先生や邦ちゃんの前では泣きたくなかった。もう泣くのはやめようと何度も思った。血が出るほど唇や頬の裏側を強く噛んで堪えてもみたが、最終的には、やっぱり私はいつもどこかに隠れて泣いていた。

遠い昔の話である。

どんな時も潜った

確かに涙の記憶は数知れないが、怒られっ放し、泣きっ放しで終わる私ではなかった。同じことで二度と怒られないように、まるっきり自己流ではあったが研究らしきこともした。それはもしかしたら的外れだったかもしれない。努力とか根性という言葉もあまり好きではないし、そういうのは私を形容するのに最もふさわしくない言葉なのだが、あの頃の私はやっぱり根性が据わっていて頑張っていたなぁと我ながら思う。もうひとりの別の自分を感心しながら見ていたものだ。

努力や根性が嫌いというわりには人一倍負けず嫌いなところがあるので、先生の厳しさに負けて逆上的にダイビングをやめてしまうのはどんなことをしても避けたかった。本気で育ててくれている先生にも申し訳ないし、器材も買っちゃったし？　もうこうなったらトコトン怒られて技術とセンスを磨き、先生が「おれの教え子だ、すげぇだろ！」と誇れるようなダイバーになるしかない、なってやろうじゃないの！　そしていつかは逆に先生を泣かしたろ！などと、水平線に向かって密かに拳を固めるのだった。

そんな意思を私は行動で示した。私にできることはこれしかないと思った。実際のところちゃんと伝わっていたかどうかは先生のみぞ知るだが……。

海では先生や先輩ダイバーの一挙手一投足を横目で観察してあとでこっそり試したりした。私の耳は地獄耳だが、目も地獄目？なのだ。これぞと思う技は「これ、いただき！」とちゃっかり自分のものにした。ほかの誰かと一緒に潜って来いと指令を受けた時には、こんな時先生はどうしていたかと考えて実践した。私の記憶では当時はボーッと潜ったことはなかったんじゃないかと思うくらい、いつも緊張と責任とテーマを自分に課していた。日常生活でボーッとしていたのはその反動かもしれない。

邦ちゃんと一緒に潜る時は、先生は常に百パーセント邦ちゃんのほうに集中することになるから私ごときに神経を使わせてはいけない。だから自分のことは自分で何とかするしかない、と妙に気負っていたところがあったので、私としては一本一本が貴重な真剣勝負の場だった。

シャワーや着替えが早く済ませられるように髪を短く切った。生まれて初めて肩の少し下まで伸ばし、風にサラサラとなびく感じや、たくさん買い揃えたゴムやリボンでいろんな結い方をすることを単純に楽しんでいた頃だった。でもシャンプーに時間がかかること、その後は濡れた髪をまとめてアップにしておかなければならないことなどいろいろと手間がかかる。海ではいつまでも自分のおしゃれに構ってなんかいられない。鏡を見ている暇があったらサッサと器材を片付けろという世界に私はいた。いつしか髪の手入れも面倒になり美容院に行ってばっさり切ってしまった。ゴムやリボンもみんな捨てた。でも少しも悲しくはなかった。

警戒していた通り、大学のクラスメイトには髪を切った理由についてしつこく尋問された。深刻な枝毛があるわけでもないし。「ねえ、なんでなんで?」とやかましいので、「このほうが海で楽なの」とストレートに答え納得してもらった。髪が濡れても頭をブルンブルン振るだけでよかったのだから、自分にかける時間を大幅に短縮できたことは確かだった。

多少の熱があっても潜った。私は滅多にカゼを引かない。最後にカゼで寝込んだのは確か高校一年の時だったと思う。この時は死神の幻覚を見るほどの重症で日に二回も病院に駆け込んだりしたが、それ以外はカゼを引いている友人にぐるりと囲まれても私はビクともしなかった。

「あんたは歩くワクチンか?」

さんざん言われたがとにかく根本的に頑丈なのだ。でも時々わけのわからない熱が出ることがある。明らかにカゼではないのに急に三十八度以上の熱がポッと出て翌日には下がっているという具合だ。友人曰く知恵熱だという噂もある。でも知恵熱が出るほど知恵はないのでそれも違うと思う。もともと幼児並みに平熱が高いためか三十八度くらいならほとんど自覚がない。だから普通に潜れるのだ。今日は何だかタンクがちょっと重い感じがするなぁと思う程度だ。

決定的に具合が悪いという自覚がない限り、私はいつでも潜っていた。悪化してダイビングのあとに寝込んだこともない。

中耳炎に罹りながら潜ったこともある。中耳炎の原因は定かでないが、生まれて初めての耳痛に不安になった私は二十歳を過ぎて耳鼻科初体験をした。

万一悪化して慢性にでもなってしまったらもう潜れなくなるかもしれない。楽観してはいけないはずだった。でもそんな状態で海へ行っても、「やめておいたほうがいい」と正しい忠告をしてくれる人は私の周りには誰もいなかった。いや、いたのだが、「どうせ何を言っても潜るんでしょ？」と付け加えられたのだ。少しは痛かったが、死ぬほど痛いと聞いていたほどでもなく何とか潜ることができた。でも（因果関係はないかもしれないが）途中で鼻血が出てマスクに溜まってきて、何度も鼻血クリアをしながらのダイビングになった。マスクの中が鉄臭かった。良い子は（良い子じゃなくても）マネをしてはいけない。

どんな時もと言えば、四年生の秋に右足首を手術してギプスが取れたその直後にも早速潜っていた。まだ普通に歩く姿も不格好だったのに、足首をテーピングで固めドライスーツを着て潜った。ドライスーツの時はいつもより硬いフィンを使っていたのでフィンキックが怖く、左脚だけをフル回転させてみんなについて行った。入院中から早く潜りたくてしょうがなかったためか、足の不安よりも海に入ることができた喜びのほうが大きかった。

首のひどい寝違えで朝から「あたたた……」を連発していた日は、さすがの私も「ダメだ。今日こそは休もう」と弱気になった。でも「せっかく海へ来たんだから潜っちゃえ」とおもむろにセッティングをし始め、「あたたた……」と言いながら潜った。首が回らないことを面白がってわざと後ろから声をかける先生に、戦意を喪失した私は「いい子になります。ごめんなさい」と言って早々と降参した。

ベストの状態で潜れるように日頃から気をつけていたつもりでも、時々はドジを踏んで体調を崩すこともあった。それでも「今日はやめときます」と言った記憶がないのである。ジーパンのポケットに痛み止めの薬をしのばせながらも、体が動く限り、海に潜りたいという気持ちがある限り、私はいつも潜っていた。

どんなに具合の悪いところがあってもウェットスーツを着てタンクを背負うとシャキッとなる。私にとってのダイビングとはそういうものだったのかもしれない。

先生がやさしい時

先生は海ではいつも私に厳しかった。厳しい理由はわかっていても、どうしても「オニー！」と叫びたい衝動に駆られる。でもさすがに口に出して言うわけにはいかないので、私はよく先生の後ろで「ビロビロバー」とか「アッカンベー」をして「オニー！」発言の代わりとしていた。そんなオニ、もとい、先生も十本潜るうちの一本くらいはとてもやさしいミスター・ダイビングだった。お互い自分のことにだけ集中できる時はここぞとばかりにリラックスし、そして遊ぶしかない。先生に集中的に構ってもらえる貴重な時間だった。普段は怒られる一方だったので、初めのうちは「ややや？」と警戒もしたしズッコケル感じもしたが、せっかくのチャンスだからと私も大いに楽しんだ。

先生とのダイビングはギャグの応戦とフィンキックの競争に終始する。タンクを背負って海に入った途端にホンモノの魚と本気で泳ぎの勝負をする先生だから、油断していると置いていかれるのだ。かと思うと、砂地の上で肘枕をして寝っ転がり海の中で居眠りをしている。

ふと、急にタンクが重くなった感じを覚えて振り返ると、先生が私のタンクに抱きつくようにつかまっている。自分がフィンキックをサボりたい時によくやるのだ。振りほどいても離れない。私は人間水中スクーターとなって先生を背中に乗っけたままグイグイと前進する。いい加減に呼吸が激しくなってくる頃、先生はまたヒョイッと離れ、十分に休めた筋肉を使ってダッシュして行ってしまう。私も必死にあとを追う。右足首の関節が悲鳴をあげるが、こんな遊びはとても楽しかった。

真鶴には沖のほうに『お花畑』というポイントがある。カラフルなソフトコーラルが群生する文字通りのお花畑になっているのだが、ふたりで潜る時は大抵ここで遊んだ。岩のてっぺんから十数メートル下の砂地まで、ソフトコーラルを眺めながらムササビのように両手両足を広げてダイビングするのだ。私たちはこの遊びを特に好み、ほかの人にも宣伝した。

締めは、ショップ前の急な坂道をタンクを背負ったままダッシュで競争することだ。これははっきり言ってキツイ。でもふたりとも負けず嫌いなので本気で闘った。海洋公園や大瀬崎でもよく遊んだ。こんな時はダイビングはやっぱり遊びなのだと思うことができた。

基本的には厳しく、でも時にはやさしく楽しく、このバランスが上手く保たれていたからダイビングが嫌にならず楽しくやってこられたのだと思う。先生が私に厳しい理由もちゃんとわかっていたし、ダイビングの遊びの要素も十分体験できていたし。どんなに厳しくても先生の言っていることはいつだって正しく、それは全部自分自身のレベルアップに直接つながる。そう信じていたから、泣いても泣いても前を見続けていられたのだろう。

私も単純な人間だからほめられるとうれしいし、できることならずっとほめられ続けていたいという欲求はある。人はほめられるとその気になるものだ。でも先生は人を怒鳴ってもその気にさせることができる。いつも怒られるたびに、怒られるほどにファイトが湧いて「よーし!」とその気になった。やっぱり先生はただのオニではない、スゴイ指導者なのだ。「近藤マジックだ」と言った人もいる。

先生の厳しさは、先生のやさしさなのだ。

「こんちゃんと千秋ちゃんはホント、いいコンビねぇ」

以前、先生と私の共通のある知人にこう言われたことがある。ふたりでガハハと笑っている時ではなく、私が海で怒られてさっきまで泣いていた時、だからまだ目を腫らしてシュンと落ち込んでいる時に言われた言葉だ。その時はどういう意味なのかよくわからなかったのだが、だいぶあとになって彼女とふたりで話をした時に、こんなエピソードを聞いた。

「こんちゃんはいつもあなたを自慢しているのよ。あいつがいてくれて助かる。おれが育てた弟子なんだって。そういう時のこんちゃんって、すっごくやさしい顔をするのよ」

泣いたり笑ったりの掛け合いがとても自然で、お互いを信頼しきっているのがよくわかると。怒られて泣いてばかりいるように見えても実はそれは氷山の一角で、水面下には計り知れないやさしさがある、千秋ちゃんも本当はそれに気づいているはずだ、と彼女は言ってくれた。

あの頃は目の前の一本に集中することでいつも精一杯だった。そして、先生と邦ちゃんに信頼されるダイバーにならなくてはといつも気負っていた。

先生のやさしさに気づいてしまったら、どんどん甘えが出てしまうような気がして怖かった。

だから気づかないふりをしている自分がいた。

たまに一緒に遊びながら潜ってくれたことだけがやさしさなのではなく、もっと奥深いところに本当の先生のやさしさがあったのだ。

七章　ダイバーズ・ショック

快晴されど波高し

例の記録ノートをパラパラとめくっていると、必ずそこで手が止まって思わず見入ってしまうページがある。へらへら顔も一瞬にしてきりり顔になる。ほかの部分とは明らかに違い、そこだけ字が混み入っているので全体的に黒っぽく見える。使われているページ数も格段に多い。つまりそれだけたくさん怒られて、たくさん泣いて、たくさん勉強したということなのである、などと威張っている場合ではないが、ダイビングを始めて数ヵ月、五十本近く潜った頃のできごとだった。今でも忘れることができず、思い出すと身震いさえして指先がジンと冷たくなる感じを覚える。

一九九〇年十月十日、真鶴は秋らしい快晴。でも北東の風がとても強く海もいつになく波立っていた。抜けるような青空に輪郭のはっきりした白い雲が浮き、透き通った大気を隔てて海の濃い青が挑戦的に際立っていた。水面の白波がまるで跳ねるうさぎのように見える。それが遥か沖まで続いていた。私は子供の頃から昼夜を問わずふと空を見上げるクセがあった。一緒にいる人が「何？ 鼻血？」と驚くこともある。

頻繁に空を見ているせいかその時のできごとと気象状態がどうもセットになって記憶されるようなのだ。だから十月十日の空と海と風の様子もはっきりと記憶している。

いつも穏やかな海で潜っていた私の目には、風も波も実際より強く大きく見えてしまった。そんな海をテラスから眺めながら、私は紙パックのコーヒー牛乳を片手に矢原さんとおしゃべりをしていた。

矢原さんは東海大学海洋学部出身で先生の少し後輩、私のかなり先輩だ。まだダイビングを始めたばかりのほやほやダイバーだったが、なぜか彼が潜る日は北東の風が吹いたり雨が降ったりすることが多かった。初っ端からそんな海で鍛えられてきたためか、ビーチエントリー（エキジット）が短期間のうちにとても上手くなっていた。

矢原さんは私の大切な親友だ。先生に怒られて泣いている時、いつもそばにいて励ましてくれた。入院中も両手で抱えるほどのトルコギキョウを持って見舞ってくれ、造影剤の副作用に苦しむ私に「たくさんメシを食え！　また潜ろう」と言ってくれた。先生と邦ちゃんと私の当事者を除いたら、たぶん矢原さんが私の涙の歴史を一番よく知っている人だと思う。怒られたことや自分の弱い部分を包み隠さずすべてさらけ出し、また恥じらいもなく目の前で泣いたり鼻をかんだりすることが許される唯一の人だった。ずいぶん泣きつき、そのたびに励まされた。

「矢原さんあっての高坂です」

「いやいや、高坂ちゃんあっての矢原です」

「ほな、行きまひょか～」

海に行くと一度はこの台詞を交わし、本当に持ちつ持たれつ肩を組んで潜っていた。

この日はヨウジさん（東海大学病院の職員）も来ることになっていた。彼の到着を待ってみんなで潜る予定だった。そこへ先生がやってきた。目が合った。もうその時点で私には先生が何を言わんとしているのか察しはついた。ダテに先生の弟子をしているわけではない。これはきっと、コーヒー牛乳を急いで飲み干さなければならない事態だな……。

「三人で先に一本潜ってきたら？　高坂、おまえがふたりを連れて行け！」

やっぱり！　台詞の一字一句まで思っていた通りだった。この荒れた海に？　先生は一緒じゃないの？　みんながいるところで不安な素振りを見せるわけにも、「先生、できません」と発言するわけにもいかなかった。よし！と胸を叩いて颯爽と行動を起こしたように見えたかもしれないが、今だから白状すると本当は不安だった。「ヨウジさん、早く来てくれないかなぁ」と本気で祈った。なぜかこの日に限って不安感を抱いてしまった。それが高じて潜る前からこんな結末になるだろう、というマイナス方向に傾いたシナリオを自分で作ってしまっていたように思う。

三人で……というのは私と矢原さんと、何度か一緒に潜ったことのあるIさんだった。Iさんにはしっかりとしたパワーと技術があった。真鶴だったらナビゲーションもできる。でもかなり孤独を愛しているようで、一緒に潜降してもこちらが油断しているとあっという間にどこかへ消えてしまうことがたびたびあった。

はぐれたまま別々に潜って別々に岸に上がると、似たりよったりの場所にIさんも上がっているという寸法だ。時々信じられないくらい遠くまで泳いでいったという話を本人から聞くが、ちゃんとコンパスと地形を見て岸に帰ってくるのだからすごい。でも、三人一緒に潜れ、おまえがガイドしろと言われた以上、いつものように勝手にどこかへ行かれちゃったらイヤだなと思った。たとえIさん自身が本能のままにそうしたとしてもあとで怒られるのは私。火を見るより明らかなことだ。透明度もあまり良くないらしいし、潜降したらIさんが消えないように注意しなくてはと考えていた。

矢原さんはまだダイビングを始めたばかりで、フリー潜降（潜降ロープなどを使わずに自分の力で潜降する）に少し時間がかかる。いざとなったら私が引っ張り込んで潜降をサポートしよう。これさえクリアできたら海の中では特に心配はなかった。ただ、まだひとりでナビゲーションして岸に帰る経験をしていなかったので、間違っても彼を海の中でひとりにしてはいけないと思った。私がいつも先生に怒られまくっていることをよく知っているので、きっとそうならないように私を助けてくれるだろうという安心感もあった。

私は異常なくらいに神経質になって海に入る前の心の準備をした。今までの経験上いろんなことが予想されたので、Iさんにも矢原さんにも「今日は透明度が良くないし、海も荒れているから三人一緒にいてください」といった内容のことを念押しし、ダイビングプランを確認し合った。こうすることで付きまとう不安を払いのけようとしたのだ。

先生からは「難しいと思ったら強行しないで引き返して来い」とも言われていた。でも先生は私ならできると判断して指令を下したのだろう。私自身も事前の準備をしっかりとして、手順を踏んでいつも通りにやれば大丈夫と思っていた。何があっても（何かあってはいけないのだが）今までの経験をいかして冷静な判断と正しい対処ができると思っていた。

　間近で見る海はショップのテラスから見るそれよりもはるかに荒々しく「潜れるもんなら潜ってみろ！」と言っているかのようだった。このように感じてしまうこと自体、すでに精神的にマイナス思考なのである。波の状態を見て一番入りやすそうなところを選び、そこから一気に入って沖に出た。目指すはお花畑。うねりが大きいので水面移動の距離を短くして早く潜ってしまおうと計画していた。水面から岸のほうを見ると、先生も「今いるそこから潜れ」と親指を下に向けて合図していたので、私たち三人はＢＣの空気を抜いて潜降を始めた。

孤独

　ところが、のっけから私が密かに、そして最も恐れていた展開になってしまった。

　先に潜降したＩさんがぐんぐんフィンキックをし、私と矢原さんから離れようとしているのを見てしまったのだ。こんなに視界の悪い海で自ら進んでひとりぼっちになるなんて怖くないのだろうか。私だったら怖い。絶対に仲間と離れるもんかと思う。

まだ距離は開いていなかったので反射的にIさんを追いかけ連れ戻した。まずは成功。いつものことなので、こんなことで驚いてはいられない。

矢原さんはまだ潜降しきっていなかった。Iさんが再び逃亡しないよう注意しながら、水中で矢原さんの潜降を待っていた。

まもなく三人が合流し、ホッとしたところでお花畑を目指して泳ぎ始めた。やっぱり透明度がよくない。味噌汁の中にいるようだ。打ち合わせ通り、私が先頭になってIさんと矢原さんが後ろをついてくるという形で泳いでいた。時々後ろを振り返りふたりの様子を気にしながら進んだ。よしよし、ここまでは順調……と心も軽かった。

ところが、である。Iさんが私を追い抜いたかと思ったらそのまま直進して行ってしまった。再びダッシュで追いかけて肩を叩いて「ひとりで行っちゃダメ」とジェスチャーと目線で訴えたが、OKサインを出したにもかかわらずどんどんマイペースで先に進んでしまう。先を急ぎたくなるほどの遅いペースでもなかったのに。先にお花畑に行くにしても一緒に潜っているバディに何かしらのサインを出すものだろう。本来なら追いかけて連れ戻すべきなのだが、矢原さんもいるのでその場を離れられず、そうこうしているうちにIさんの姿を見失ってしまった。あれほど言ったのに。あれほど気をつけていたのに。でも幸いと言うべきか、こういうことは日常茶飯事でーさんはひとりになっても自力で岸に上がることができる人だったので、私はそれを信じて矢原さんに集中するべく無理やり気持ちを切り替えた。

私の斜め後方に張り付くように矢原さんがいた。時々チラチラと彼のほうを向き存在を確認する。透明度がかなり悪かったので数メートル離れるともうお互いの姿が見えなくなってしまう。きっと彼も私のピンク色のフィンを追いかけるようにして付いて来ているだろう。手をつないでしまおうかとも思ったが、そこまでしなくても大丈夫だろうという楽観があった。

あとで怒られることになるのだが、この楽観が大きなミスとなって跳ね返ってきた。しばらく泳いでいるうちに矢原さんをも見失ってしまったのだ。私はその場で凍りついた。

「えっ？　どうして？」

本当に一瞬のできごとだったと思う。さっきまで矢原さんはそこにいたのだから。どうしてそうなったのか、私は今でもわからない。一体この日の私はどうしてしまったのだろう。とんでもないことがいっぺんに我が身に降りかかってきた。

矢原さんを初めて海でひとりにさせてしまった。しかもこんな荒れた海で。三人が三人ともひとりぼっちになってしまった。最もやってはいけないことをやってしまった。私はその場を動かずに三百六十度を見回してみた。矢原さんの黒いウェットスーツはどこにも見えない。当時裸眼で一・五を誇っていた視力をもってしても、レギュレーターから吐き出される気泡も人影も何も見えなかった。もう浮上したのかも？と希望を持ち、私も浮上して水面を探してみたが、辺りにダイバーの存在を示すものは何もなかった。ただ大きくうねる水面が見えるだけだった。

ここでおかしくなってはいけない。動き回るよりはじっとしていようと思い、BCに空気を入れて水面に浮いていた。体はじっとしているのに、心拍数がやたらと速くなっているのがわかった。首筋もゾクゾクしていた。気持ちが極限近くまで動揺し、焦り、「先生、先生！」という叫びに似た声も耳元で聞いた。それはレギュレーターをくわえたまま、無意識のうちに先生に助けを求めていた自分自身の哀れな声だった。鉄則通り、みんな自分で岸に上がってくれていることを信じ、私も大きな敗北感に激しく圧迫されながら上がることにした。

海が怖い

うねりの谷間から岸を見ると確かにIさんがいた。矢原さんも波に揉まれながらも今まさにエキジットしようというところだった。さらによーく目を凝らすと、その向こうには近藤親分が仁王のように立ってこちらをギリリと見ていた。腕組みをして片足をゴロタの上に乗せ、一点を凝視している。それは明らかに怒っている時の典型的なポーズだった。でもふたりが無事だったことにどれだけホッとしたか知れない。一緒に潜るという当初のプランは崩れたが、別の意味で彼らはちゃんと約束を守って浮上していてくれたのだ。

安心したら私も一秒でも早く海から上がりたいと思った。みんながいる岸に早く上がりたい。心ばかりが焦っていた。でもこの余裕のなさが行動にも出てしまった。いつもなら先生に教わった通り沖から岸を見てエキジットポイントを見定めるのに、その時はただ狂ったように呼吸を荒げて岸に向かうだけで、結局一番波が暴れている岩場に上がってしまったのだ。潜っている間に風などの気象条件が変わることもあるのに、そこが朝エントリーした場所で先生が立つ真正面でもあったから大丈夫と思って突っ込んでしまったのだ。アッと思った時はもう遅く、私は洗濯機の中のパンツのように波に弄ばれた。天地左右もわからない。時々マスク越しにひときれの青い空が見えた。砕けた波はまるで「ナメンナヨ、コラ！」と言っているかのように何度も私の体を岩に打ちつけ、私も一緒に砕けそうになった。

「死ぬかと思った」という言葉はあまり軽々しく使ってはいけないと、日頃からこだわっていた私だが、この時はまさに死ぬかと思った。海水も真っ白、頭の中も真っ白。もがくことすらできなかった。

海が怖いと思った。すぐそこに陸地があって私はそこに立つことを強く望んでいるのに、このまま波に砕かれてしまうのだろうか。必死に目を開けて現実の世界を見るようにし、生きるための力を振り絞った。ダイビングポイントの『お花畑』に辿り着けなかったからといって、黄泉《よみ》の『お花畑』に行ってしまうわけにはいかない。海という偉大な自然の中では人間の力など無に等しいのだということを、私は波に翻弄されながら恐怖の中で悟った。

「おまえがふたりを連れて行け」と言われていながら結果的に三人バラバラになって

しまい、私は危険なところに突っ込んでしまい、しかもこの大失敗の一部始終を先生に生中継で見られていて、先生の怒りのポーズも見ている。怒られるのは百パーセント確実、下手すると半殺しかも？というあまりうれしくない場面だったが、それよりも何よりも海が怖かった。波が怖かった。

自分ではどうやって上がったのか全然覚えていない。それでもやっとの思いで立ち上がると、待ってましたと言わんばかりのタイミングで常套的な怒鳴り声を浴びせられた。

「バカヤロー！　何やってんだ！」

同時に石が飛んできたような気がした。あとで聞いた話だが、さらにこの時先生は、そばに落ちていた漂流物の中から目敏く竹の棒を見つけ振り回していたとのこと。その対象はもちろん私だ。そう言われてみると、石とは違う感触の衝撃があったなぁと思う。私はテンションが上がっていて興奮状態にあったので、たぶんその時は痛みやショックを感じる余裕もなかったのだろうが、その光景は近くにいた人も思わず引いてしまったというほどのド迫力だったそうだ。

この一件で私の厚さ五ミリのウェットスーツは左膝と右大腿の部分がザックリと裂

けてしまい、膝からは流血もしていた。まさにこれぞ熱き青春の三点必須アイテム、血と汗と涙が染み込んだウェットスーツになってしまった。また普段は滅多にしないのになぜかこの日に限ってしていたダイバーズウォッチにも、ガラス面に大きなキズをつけてしまった。

でもこれだけで済んだのは奇跡だったのかもしれない。もしウェットスーツを着ていなかったらと考えるとぞっとした。

ほとんど放心状態だった私は、Iさんと矢原さんに両サイドをガードされるようにしてショップに戻った。さっき颯爽と降りていった坂道を今度は血を流しながら重い足取りで登る。ずいぶん長い時間海に潜っていたように思った。でもこの時になって初めて、苦しさと孤独から解放されたことをかすかに実感できた。

ショップには邦ちゃんが来ていた。静岡のご両親、婚約者の正子さんも一緒だった。ご一家揃って先生やショップに挨拶をということのようだった。

どんなに怒られてどんなに泣いていても、私の手足は器材の水洗いやタンク交換を忘れない。この日も自分の意志とは関係なく当然二本目も潜るという前提で手足が動いていた。体で覚えたことなので、たとえ思考が停止していても自然とそうなるのだろう。

ーさんと矢原さんがいろいろと話し掛けてくれる。しきりに「ごめんな」と言っている。彼らが謝ることではない。あれは全部私のミスだった。私のほうこそ「ごめんなさい」なのだ。何事もなかったことに感謝しなければ。私が先生に怒られるだけで済んだのだから。

二本目のタンクをセットし終わってから、私はエアーチャージの小屋に逃げ込み顔にタオルを当てて思いっきり泣いた。ウェットスーツの裂け目から丸見えになった膝からはまだつーっと血が流れ出ていた。あとでそこから水を流し入れてみたら、裾のところから鉄臭い赤い水がどーっと出てきた。

泣くだけ泣いたら少しスッキリした。

その時、私を呼ぶ先生の声がした。きっと邦ちゃんたちにご挨拶することになるだろうと思ったので、急いで涙と血を拭いてぎこちなく深呼吸をして小屋から出た。皆さんへのご挨拶の場でもまた改めてガツンと怒られてトドメをさされた。

「泣くなら向こうへ行って泣け！」

この時の先生は本当に怖かった。テラスの隅にうずくまって引き続き二本目の反省をしていたら、矢原さんが「コーヒー飲むか？」と紙のカップを手にやってきた。隣に座って話し相手になってくれた。さっきのトドメのひと言は私のはらわたにまでズシンと響く強烈なパンチだったので、矢原さんが差し入れてくれた甘く温かいコーヒーがそこらじゅうに沁みるようだった。邦ちゃんのお母さんからも元気をもらった。

「近藤さんはあなたのことがかわいいから、あんなに言うのよ。あなたのことを信頼しているから、期待しているからあんなに厳しいのよ。頑張ってね。あなたは笑顔のほうがずっと似合うわ」

ショップのスタッフたちも何気なく接してくれながら、そういう時はこうしたらいい……とたくさんのアドバイスをくれた。

ヨウジさんの準備が整ったところで本日の二本目。先生がヨウジさんにマンツーマンで付いたので、私はまた矢原さんとバディを組んだ。先生に「もう泣くな」と励まされ、だいぶ気持ちの整理ができたとはいえ、どうしても一本目の孤独と恐怖が甦る。それを必死に振り払って、二本目に集中した。そうしなければ前に進めない。海で味わった恐怖は海で克服するしかないと思った。二本目はいつも通りに上手く潜れたのではないかと自分でも思えた。矢原さんも満足げだった。

一本目は何だったんだろう？

裂けてしまったウェットスーツはショップに置いて帰った。今度の日曜日（十四日）にまた潜るのでそれまでに直しておいてもらうのだ。日曜日は邦ちゃんと一緒に潜る。今日の経験をバネにして、またいいダイビングをしたいと思った。

恐れるな、侮るな

帰り道、先生と矢原さんとちょっと寄り道をしてからみ餅を食べた。泣いてばかりいたので鼻が詰まってせっかくのおいしい味がわからなかったが、先生はもう怒っていないし、矢原さんも一緒だったので私の気持ちもだいぶ和んでいた。渋滞に疲れ、先生と小田原に寄ってコーヒーを飲んだ。私を哀れと思ったか、車の中でも喫茶店でも今日の一本目のことを細かく解説して、一つ一つに次につながる答えを出してくれた。そして最後にこう言った。

「しっかし、おまえは本当にいい根性してるよ。正常な神経を持ったヤツだったら、あそこで『私、自信がありません』って言うぞ」

今でもはっきりと覚えている。

あれは誰のせいでもない、私のミスだった。荒れた海、透明度の悪い海では、一番経験の浅い矢原さんを私が手をつなぐなどしてまずキープし、その上でIさんをリードするべきだったのだ。前にIさんとふたりで潜った時、どんどん先に行かれて大変だったことを知っていたはずなのに。「おまえがふたりを連れて行け」と言われた時点で先生が私に何をやらせようとしているのかわかったはずなのに。決して海を甘く見ていたわけではないが、いつも大丈夫だから今日もイケる! などと安易に考えていたらとんでもないことになる、というのが海の怖さなのだ。

人間をやさしく受け入れてくれる偉大な海、母なる海も、謙虚な気持ちを忘れた瞬間に一変することを身をもって経験した。

数日後、邦ちゃんのダイビングのことで先生と会う機会があった。約束の時刻が夕方過ぎだったので食事をごちそうになりながら、差していろいろな話をすることができた。どうしても話したいことがあった。

あの日のダイビングから数日間ずっと思っていたことを正直に打ち明けた。

「水圧がかかる感じ、波に揺れる感じ、レギュレーターの呼吸の音、ウェットスーツの匂いを思い出すと、あの時の海の恐怖に結びついてしまう。怖いんです。ダイビングの雑誌を見るのもイヤ」

こんなことを言うのは初めてだった。先生は黙って話を一通り聞いたあと、きっぱりとこう言った。

「それは〝ダイバーズ・ショック〟だ！」

海で怖い思いをした人が恐怖を克服できず、そのままダイビングから離れてしまうケースがあるのだそうだ。「初めに怖い思いをさせるな」と口癖のように言っているのも納得できる。私の場合もあんな経験をしたのだから大なり小なり後遺症はあるだろう。でも直後に何事もなかったかのように二本目を潜ったのを見て、「どういう神経構造をしているのかわからないが、とにかくこいつは大丈夫だろう」とも思い、心配するのをやめたそうだ。

私も初めは自覚がなかった。ところが家に帰り時間が経つにつれて、体の痛みとともにジワジワと発症したようなのだ。潜伏期間は概ね七時間というところだろうか。そんな私をかわいそうに思ってくれたのか、いつもは能書きナシに「体で覚えろ」というタイプの先生が、あの時のチェックポイントを次々に紙に書いて指摘してくれた。

小田原の喫茶店での反省会よりもさらに熱のこもった密度の濃いものだった。こんなことは滅多にあるものではない。私は注文したジャンボハンバーグを気にもせず、瞬きもせず、全身を耳にして先生の話を聞いた。まだ体のあちこちに生々しく青アザが残り、先生の顔を直視することもできないでいたが、心の中で「かたじけない」とモミ手をしていた。

ダイビングを始めた頃、先生はことあるごとに私にこんなことを言っていた。

「おれはおまえをいいダイバーにする」

私もその言葉の意味をよく考え、期待に応えられるようにと張り切っていた。そうなれるチャンスが私にはあるんだと思ったのだ。だからこそあれほど厳しくてもそれが当たり前と思ってやっていたつもりだった。でも本数を重ねそこそこ潜れるようになって、自分では絶対にそうではないと思っていても、やっぱり心のどこかにスキがあったのかもしれない。先生はそれを見抜いていたのだろう。私も十分に警戒していたはずなのに。覚えたこと、教わったことをただ足算していたのでは先生の理想に追いつけない、掛算にしなくては。三歩下がって楚々としている場合ではない。ズカズカと五歩くらい前進して師の影を踏んづけてでも本当の力をつけていかなければ。今度真鶴へ行ったら同じところをもう一度ていねいに潜ってみようと思った。あの時の反省、恐怖、悔しさを全部ぶつけて納得するまで何本でも同じところを潜ろうと。

ダイバーズ・ショックの経験を忘れたいと思ったことはない。むしろ忘れてはいけないことだと自分に言い聞かせている。初心を忘れず謙虚な気持ちでいるために、私は水泳実習の時に先生が教えてくれた『海を恐れるな、海を侮るな』という言葉をBCのはじっこに小さく書き込んだ。日本語でストレートに書くのはちょっと恥ずかしかったので単純に英訳して書いた。セッティングのたびに必ずイヤでも目に入る。タンクを背負う瞬間にもやっぱり目に止まる。器材を装着するとちょうど右肩の後ろに接するようになっている。白い文字が消えかけてはまた上から書き、それを何度も繰り返しながら、私はいつもこの言葉に力を借りて潜っている。

八章　卒業

入院と卒論

卒論のテーマは予定通り邦ちゃんのダイビングに関することにした。

車椅子の邦ちゃんがダイビングに挑戦し、やがてCカードを手にする……この貴重な体験、試行錯誤の過程を卒論として残すことで、将来ハード、ソフト両面のバリアがなくなり、障害があってもダイビングを楽しめる環境が整っていくことを期待して書こうと思った。学生時代のほとんどを身も心もダイビングに捧げてしまった私には、もうこれ以外のテーマは考えられなかった。そのつもりで書いてきたノートもあるし、歴代の先輩方も誰もかつてやったことのないテーマだというので自分でも書くのが楽しみで、腕をブルンブルン震わせていた。

卒論を書き始めたのは、意外にも病院のベッドの上だった。早々と就職先をゲットしてしまっていた私は九月に入ってすぐに東海大学病院に入院し、腰の手術を受けたのだ。我が腰は今まで本当によく頑張ってくれた。

腰椎椎間板ヘルニアの手術のあとには二週間のベッド上安静が待っていた。実家の母が飛んできていろいろと世話をしてくれた。手術直後は痛くて動きたいという気など起こらないが、痛みが引いてくるとじっと仰向けで寝ているのはとてもつらい。だからといって起き上がったり勝手に寝返りをしたりはご法度だったので諦めておとなしくしているほかなかった。手や足を手術した人はもう翌日には起き上がって、勝ち誇ったように自分でトイレや売店へ行ったりしているのに、腰ってやっぱり大変なんだなぁと思った。漢字で「月」偏に「要」と書く理由をしみじみ納得してしまった。

　毎日ベッドの上で壁と天井と仕切りのカーテンばかりを見ていた。誰かに会いたくても自分から会いに行くことはできない。トイレに立つことさえできない。先生や邦ちゃん、病院のダイビング仲間が仕事の合間にふらりとやって来て、暇つぶしに全面協力してくれた。面会時間はあっという間にすぎていくのに、ひとりの時間はあまりにも長かった。私は有り余る時間を使って卒論を手掛けることにした。こんなこともあろうかと記録ノートやレポート用紙、ボールペンの類を一式持って来ていた。

　ベッドに仰向けになったまま顔の高さにノートを持ち上げ、愛用の水性ボールペンでミミズのような字をごちょごちょと書き始めた。

　重力に逆らって使っていたせいかすぐにインクは出なくなるわ、腕はビンビンに疲れるわ、だから長続きしないわ……の牛歩戦術だったが、気持ちはずっと書くことを待っていたのだから満を持して……という感じで、思っていた以上にスラスラとペンが進んだ。頭はボーッとしているのに、書きたい言葉はどんどん湧いて出てきた。

ある日、先生が大きな紙袋をベッドの上にドンと置いた。

「おっ、今日は何かな？　ケーキかな、フルーツかな？」

中身が全部食べ物であると信じて疑わなかった私は一瞬喜んだが、実際は卒論の参考にせよ！という専門書で、それらは私の知識の浅さを十分カバーしてくれた。その頃同じ病室に、看護実習中のアクシデントで膝の靭帯を傷めた看護学生が入院してきて、彼女も実習ができない代わりのレポートやら試験の準備やらで一日中勉強していた。自分の入院生活そのものが何よりの実習になっただろう。きっと彼女は人の痛みがわかるいい看護婦さんになると思った。そして数ヵ月後、実際にそうなった。

退院の話も出かかったある日の回診で、右足首の異状がばれてしまった。「なんだなんだ、これは？」とその日のうちに検査室に連行され、問答無用で手術適用となった。フィンキックや階段を降りる時に右足首がグシャッとなる感じがするのは自分でもわかっていた。これも高校時代に負ったケガの後遺症だった。腰の時は麻酔の余韻でトロトロと気持ち良く眠っていたが、足の時はあまりの痛さで一気に目が覚めてしまった。手術室で目を開けた時はギプスが巻かれている最中だったが、「足を骨折したから早く治して〜」と意味不明のことを言って騒いでいたらしい。

この予定外の手術で入院が三週間延びた。そのぶん卒論のほうもかなり進み、退院する頃には完璧なプロットとおおまかな下書きができあがっていた。ここで楽することを狙ってずっと書き溜めてきた黄金の記録ノートがあったので、ほかにすることがないという環境も手伝っていいペースで進んだようだ。面倒な統計や複雑な考察が要らない、いかにも私向きの論文だ。文系頭の私は時として、数字の羅列を見ると悪性の発作を起こすのである。退院してからもしばらくは大学に行けず、アパートの部屋でひたすらワープロのキーボードを叩き清書をした。やがてギプスと松葉杖が取れたことを見届けた母は「もう不憫ではなくなった」と言って実家へ帰った。

コンセントにつまずいてワープロの電源をぶっ飛ばし、それまで打っていた文章を消してしまったという泣くに泣けない経験をした気の毒な友人がいた。夜中に半狂乱になって電話をくれたその友人のことを思い出し、私も気をつけた。数ページ書いてはいちいち保存キーを押し、スペアのフロッピーを二枚も作って防衛策を固めた。

ボリュームたっぷりの卒論になった。しかも大学に提出するほか、先生と邦ちゃんに一部ずつ、水泳実習（ボードセイリングの講師）や邦ちゃんのダイビングでお世話になった非常勤講師の佐藤先生にも一部プレゼントすることになっていて、さらに自分用のも欲しかったので全部で五部作る必要があった。大学の売店で私はそのぶんの表紙と大量の用紙を買いあさった。そのほか添付する写真や資料をカラーでコピーし、これまた大量のインクリボンを消費しつつプリントアウト、製本をし、こうしてめでたく卒論が完成した。その頃には手術した腰も足もかなりのところまで快復していた。

卒論には邦ちゃんがダイビングを始めたきっかけ、プールや海での実践の様子、技術や器材の工夫、協力者の必要性、今後に向けての課題と期待……などをあるがまま、思うままに書いた。タイトルは『身障者のスキューバダイビングに関する研究』とし、サブタイトルに『ある車椅子常用者の実践の記録をもとに』と付けた。

全員が卒論を提出したところで、まずゼミの中で小さな発表会があった。その結果私が大北ゼミの代表になってしまった。私よりももっと苦労して難しいテーマに取り組んだ立派な友人もいたのに……。「えらいこっちゃ」と思いながらも早速学科発表会の準備をしなければならない。短い時間で言わんとしていることを理解してもらうには視覚に訴えるのが一番手っ取り早い。だから私は卒論に使った写真を何枚も拡大コピーしてパネルを作った。これを補うためのシンプルなレジュメも作った。写真とお手元の資料をご覧いただければ多少説明が下手でも何とかなると思ったのだ。ゼミの仲間が休日返上で、研究室の床をスプレーのりでベタベタにしながら手伝ってくれた。本当に彼らの存在はありがたかった。

発表会の日、私は入学式と体育会の新入生歓迎会と教育実習の初日にしか着たことのない紺のスーツを着て、慣れないパンプスを履いた。男子も紺のブレザーに斜めの縞々ネクタイだ。体育会の正装的な衣装なので発表者全員が似たり寄ったりのイデタチだった。

当日は先生も邦ちゃんも会場に来てくれた。エレベーターのない建物だったが、「邦ちゃんも来るって」と言ったらゼミの男衆が玄関で待ち構え、邦ちゃんを車椅子ごと二階に上げてくれた。

「やれやれ、終わった……」と思っていたらこのあとほかの体育大学でもひとつミニサイズの発表会があって、同じ衣装、同じ資料で同じことを喋ってきた。先生も保護者として一緒に来てくれた。その帰りに渋谷のデパートでご褒美に何か買ってくれるというので、先生の気が変わらないうちに遠慮なく腕時計を買ってもらった。キズだらけのダイバーズウォッチはツライ思い出が甦るだけだが、こちらの時計はうれしくやさしい思い出がいっぱいだ。その直後、何人かの仲間で与論島へ行って潜った。とりあえず何かをやり遂げたという充実感で一杯だった。

卒業式の日。四年間一緒に過ごしたクラスメイトたちとお互いの出発を祝福し、そして再会を約束した。謝恩会にも出られず、ひとり見知らぬ土地に赴くというのは思った以上に心細いものだった。バタバタと慌しい時間が過ぎ、私は先生に送られて熱海に向かった。ここから寝台列車に乗って広島へ行くことになっていた。駅のホームで私はボロボロ泣いた。希望通りの就職でそれは私にとっての花道であるはずなのに、喜びよりも寂しさのほうが大きかったのだと思う。

先生は、私の門出を祝って万歳三唱をすると言って張り切っていた。「そんな恥ずかしいことはやめて!」と抵抗したにもかかわらず、列車のドアが閉まる直前に本当にそれをやられてしまった。その時、先生の目にきらりと光るものが見えた。いつもは一方的に泣かされていたので「いつかは私が泣かしたろ」と思っていたが、まさかここで……。

「あの時、先生泣いていたでしょう?」

「いや、おれが泣くわけねぇだろ!」

しつこく問い詰めてみてもいつも決まって否定する先生だが、私は自信を持ってひとつの諺を確認した。『鬼の目にも涙!』

勇躍……と言いたいところだが、あの瞬間は夜の荒波の中にひとり放り出された感じがして本当に寂しかった。クラスメイトたちは誰もが、私がダイビングの道に進むものと思っていたらしいが、私は同じ海関係でも海上自衛官になった。

これでよかった

夢と憧れを抱いて始めたダイビングも、実際のところは思い描いていたものと少し違っていた。あえてたとえるなら「やさしいインストラクターからスキューバダイビングの講習を受けるのよ、ルンルン!」というおしゃれ路線よりも、「潜水道場のオニ師範から厳しい稽古をつけられる、押忍!」という感じだった。矢原さんとふたりで潜る時にはよく冗談でよそのショップの講習を耳をそばだてて聞き、「おれら、こんなに親切に教えてもらってないよなー」と言ってお互い肩を叩き合ったものだ。

大勢の中で私だけが怒られるなんてことはしょっちゅうだった。誰かと一緒に潜る時、その人がちょっと足を滑らせたりちょっとバランスを崩したりすると、「おまえがしっかり見てろよ。バカヤロー」と怒られる。逆に私がコケていると「フラフラしてんじゃない、みっともない」と怒られる。どっちみち結果は同じなのだ。今だから言うとどうも納得できないぞ、ということも度々あったが不思議と逆上的にはならなかった。そのおかげで多少の波がきても波打ち際で無様にコケることはないし、タンクを二本持って笑ってダッシュできるタフなダイバーになれたと思う。先生がここまで育て上げてくれた。

立ち上がりからこういうスタイルで潜ってきたせいか、いつしか私は、海に潜っても魚ではなく人間ばかりを見るようになっていた。つい最近になってダイバーとして恥ずかしくないように少しは魚の名前も知っておこうという気になり、図鑑をパラパラめくるようになったが、キャリアのわりにはいまだに魚の名前には疎いほうだと思う。魚好きの人と対等にディスカッションできるレベルではない。

虫眼鏡で見るような小さな珍しい魚を見つけることもひとつの楽しみ方だ。私も海外でたまに水中カメラを持って潜ると、たちまちミクロの世界にはまってしまう。でもどちらかと言えば『海の雄大さそのものを楽しみたい派』だろうと思っている。呼吸音をBGMにし、両手両足をフリーにして中性浮力やドリフトを楽しむ。ファンダイブのほかのメンバーが岩の間に頭を突っ込んでミクロ的フィッシュウォッチングをしている時に、私は頭の上をグルグル回る大型の回遊魚や稚魚の大群とワイド的遭遇をしていたということもよくある。

これがまたたまらなく楽しくて「ウヒヒヒ」と笑ってしまうのだ。

時々ふと、もしダイビングをしていなかったら……ということを考える。もっと遡って、どこもケガをしなかったら……。大きなケガがなく、水泳が得意で、ダイビングに強い魅力を感じることもなく、ミスター・ダイビングとも水泳実習が終わったらそれっきりで、ずっとバレーボール中心の毎日で、とにかくすべてが実際と逆だったら……。あのケガがなかったら、間違いなく私は青写真通りにずっとバレーボールの競技選手として当初の夢を追っていただろう。いや、ケガをしてどんなに悩んでいても、あれほどの絶妙なタイミングで先生と岩井の海と出会わなかったら、背中を押してくれるものが何もなかったら、傷んだ体をごまかしながらも体育館の中の世界しか知らない青春を送っていたかもしれない。

前にも書いたがバレーボールをやめてもすぐにはダイビングを始めなかった。偶然の空白は邦ちゃんとの偶然の出会いにつながった。時間を計っていたわけではないのに、その出会いのタイミングは神々しいほどあまりにもぴったりだった。自信を持って洋々と大海へ出て行くためにじっくりと風を待ち、新しい風が帆にはらんだ瞬間に泣いたり笑ったりのダイビングが始まった。ダイビングの時は本当に先生に怒られてばかりでいつも私は海で泣いていたが、でもそれ以上に楽しくて、やっぱり笑っていたことのほうが多かったなぁと思っている。

私が大学で歩むはずだった道は思いがけないものに変わった。そこに至るまでにはいくつかの葛藤を乗り越えなければならなかったし、またとても大きな勇気が必要だったが、今ではこの運命に感謝している。ケガで挫折しかけても、ちょうどいいタイミングで海に救われた。

「バレーボールはやめてしまったけれど、私はこれ（ダイビング）をやりました！」

と胸を張って言える。

すべてがこれでよかったのだ。

今後にいかすこと

私がダイビングを始めたきっかけは自分自身のケガだった。選手としてバレーボールを続けることを諦めざるを得なかったそのケガ自体はもちろん、それに伴う四度の手術やリハビリも肉体的精神的につらいものだった。でも今となってはむしろいい経験をしたと思えるようになった。あの時の自分の経験をひとつのモデルケースとして、今後にいかしていきたいと思うようにもなった。

二週間ベッドに寝たまま起き上がることができなかった日々。たった二週間だが当事者となってみると結構長い。

トイレも人の世話になった。ベッドの下に落としてしまったティッシュの箱を自分で取ることさえできなかった。どんな小さなことでも看護婦さんたちは親身になって面倒を見てくれたり話を聞いてくれたりしたが、私は入院してわがままになるどころか何でも我慢するようになっていた。

ベッドから起き上がれないからといって何でも人にやってもらって当たり前、自分は弱者だから誰かが何でもしてくれて当たり前、と思ってしまうことに戸惑いを感じたのだ。術後の痛みを堪えすぎて過呼吸になり、手足も痺れてナースコールができず同じ部屋に入院していた小児科の看護婦さんに助けられたこともある。

ある日、ベッドの上で体を拭いてもらっている時の何気ない会話の中で看護婦さんがこんなことを言ってくれた。

「ケガや病気をすると自分がどう頑張ってもできないことが出てくる。そういう時は私たち看護婦や周りの人にどんどん頼んだらいいのよ。それはわがままではないし、逆に遠慮して黙って我慢していることがエライというものではないんだから」

できないことを人に頼む勇気を持て、と諭してくれたのだ。ハッとした。以来、何かをしてもらった時には「ごめんね」とか「すみません」と謝るのではなく、「ありがとう」とスッキリ言えるようになった。気持ちが楽になった。

足首の手術の時も学んだことは多かった。

術後一週間は重くて仰々しいクラシカルな石膏のギプスを巻かれていて痛みも強かったので、車椅子を使って病院内をウロウロしていた。

たとえ短期間でもまさか自分が車椅子生活を経験するなんて思ってもいなかったの

で、驚きの連続だった。

　まず立って歩く時と目線の高さが全然違う。背の高い私はいつも先生を見下ろし「頭が高い！」と言われていたが、車椅子の時は大幅に見上げる形になった。売店に行っても一番上の棚がとても遠くに感じた。邦ちゃんはいつもこの高さの世界を見ているんだなぁと思った。

　高さだけではなく、車椅子の幅も大きな問題だった。エレベーターでも先客がたくさんいたら、ひとりで幅をとる私はやっぱり遠慮がちだった。私はまだ片足が元気だったのでトイレは手すりを使えば楽に便座まで移動することができたが、病院の広いトイレならともかく、一般の外のトイレだったら大変だろうなぁと実感した。段差もつらい。前輪上げなどの高度な技は到底できるはずもなく、たった数センチの段差に行く手を阻まれて大きく迂回しなければならないこともあった。普段ならヒョイッと飛び越えているのに。小刻みに人や物を避けることも意外と大変で、「どうか行く手には何もありませんように」と祈る思いで車輪をこいだ記憶もある。

　軽いギプスになってからは松葉杖を使った。これもまた傍から見ている以上に大変だった。手術前に松葉杖を使う練習をしていて楽勝楽勝！と高をくくっていたのだが、完全に松葉杖に頼らなければ歩けないという状態になってから初めて気づかされたことだった。

慣れない初日は、五階の病室と一階のリハビリを往復しただけで吐き気をもよおすほどくたびれてしまった。この事実に大きなショックと危機感を覚え、「これではいけない！　退院しても外の世界ではやっていけない！」と毎日病院の一階から十階までを階段で往復して体力と自信をつけた。廊下が水で濡れているのに気づかず松葉杖の先端が滑って痛いほうの足を床にガツンと着いてしまい、ドクターや看護婦さんに余計な仕事をさせてしまったこともある。

退院してからもしばらく母がいてくれたので助かったが、それでも松葉杖での外出は億劫以外の何物でもなかった。普段何気なく使っていた道路でも施設でも、思いがけないところにバリアがあるものだ。一時的とはいえ足が不自由な身となって、そういうところを見る目が厳しくなっていたような気がする。

咄嗟のすばやい動きができないので、自転車のベルが後ろから聞こえたりするととても怖かった。何度となく路上で固まっていた。

電車で通院する時は一駅ですぐ降りるので、私はたとえ座席が空いていてもドアに寄りかかって立っていることが多かった。下手に座ってしまうと、停車中の短い時間に「よっこらしょ」と立ってドアまで移動しなくてはならない。これはひとつの例だが私は自分でこういう経験をしているので、例えば電車のドア付近に体の不自由な人が立っているのを見かけても黙っていることにしている。本当に座る必要のある人なら最初から積極的にそうしているだろう。

障害を持った人＝困っている人と思い込み、親切心が高じていきなり後ろから車椅子を押したり、目の不自由な人の手をとったりするのはとても危険なことだ。彼らは大抵のことは自分でできるし、だからこそひとりで外出もしている。もし「お願いします」と言われたら必要なだけの手を貸したらいい。彼らは専門的な訓練と日常の経験によって、どうしたら少しの力で安全に効率よくその場を乗り切れるかということをよく心得ているので、本人から要領を教わりながらサポートすることもできる。

本当に人の手を必要とする時には「ヘルプ」の声をかけてくるだろう。求めがない限り過剰な手助けをしないこともやさしさなのではないかと思う。いい意味で放っておいてほしい時もあるのだ。私の場合もそうだった。入院中、面会に来てくれた友人は私の車椅子を押そうとはしなかった。いつものように横に並んで廊下を歩いた。その当たり前のことが私にはとてもうれしいことだった。入院や手術を通じて人の優しさに敏感になった経験は、必ず今後にいかしていきたいと思う。

誰だって、いつ光や音を失ったり、車椅子や松葉杖に頼る生活になるかわからない。体が不自由な人のために段差や障害物をなくすことは今後も引き続き期待したいが、こういうことだけがバリアフリーではないと思う。無人島で暮らしているわけではないのだから、不便なことがあったらそこにいる誰かが手を差し伸べたらいいのだ。一番簡単で当たり前でうれしい手段ではないだろうか。邦ちゃんがそうやって学生時代を過ごしてきたように、秘められた人間愛を無意識に発揮することが実際の段差や障害物を越える時の大きな力になると思っている。障害のあるなしにかかわらず誰もが快適に生活したり楽しく遊んだりできること、そんなユニバーサル的な発想がこれからはますます求められてくるだろう。街から車椅子のマークが消え、『障害者』とか『バリアフリー』という単語を使わなくてもよくなることこそが、本当の意味でのバリアフリーなのではないかと思う。

ダイビング教室の始まり

社会人になった年のある日、障害者スポーツ文化センター横浜ラポール（以下＝ラポール）に就職した友人の小山から一本の電話をもらった。

「うわぁー、久しぶり。元気？」

一通りの挨拶と近況報告をしたあとで、彼は厳かに仕事の話をし始めた。

「ミスター・ダイビングに相談したいことがあるんだけど仲介してくれないか？」

ラポールではその頃、新しいスポーツ教室の開催を企画検討中で、彼はダイビング教室を提案していた。

小山と私は大学時代の同級生だ。青空プールや水泳実習の思い出を共有している。私が先生と邦ちゃんとともにどっぷりとダイビングに浸っていたこともよく知っていて、ごく自然に障害者ダイビング＝近藤先生＝高坂と辿りつき私に電話をくれたのだ。

「経験豊富な先生の力を借りてこのプランを実現させたい。後押しがほしい」

強く語る小山を応援しようと思い、私は喜んで仲介役を引き受けた。

邦ちゃんの実績があるとはいえ、当時は障害を持った人のスキューバダイビングについてはまだまだすべてが手探りの状態だった。受講者の身体的な条件も一様ではなく、脊髄損傷、肢体切断、視覚障害など、みんながみんな全部違う。でも彼らの中にはダイビングをやってみたいと思っている人が多いことも事実だった。やりたくてもそれができる環境があまり整っていなかっただけなのだ。

「ひとりでも多くの人に海のすばらしさを伝えたい。今までの経験を応用してやってみよう」

話し合いが進み、ラポールでは早速その年（一九九二年度）からダイビング教室が始まった。

「障害者ダイビングの底辺の拡大を期待する」。卒論に書いたことを小山が社会的に実践してくれたのだと、私はとてもうれしく思った。同時に先生と邦ちゃんがやってきたことが断片的なものにならず、誰かに引き継がれてステップアップするということに安心感を覚えた。

先生は第一回から講師としてこの教室を盛り上げてきた。さらにダイビングショップ＆スクール『シーガルス』の小林広之さん（CMASインストラクター）も全面的に教室をサポートしている。小林さんのダイビングのお師匠さんも近藤先生だ。先生はたくさんのお弟子さんの中でも特に小林さんには大きな信頼を寄せている。私も勝手にお手本にさせてもらっている。小林さんのダイビングの技術、講習の技術はすばらしく、いつも冷静でシンプルなのに何事もていねいでユーモアがあって的を外さない。「キレがあるのにコクもある」といった感じだ。どんなややこしい質問をしても必ず答えを返してくれる。ショップのスタッフ、トヨちゃん、かっちゃんもボスに劣らずなかなかの実力者だ。

ダイビング教室は以来毎年続いており、ここだけでも約百名のダイバーが誕生している。この教室でダイビングのイロハに触れた人たちの多くは、シーガルスで本格的な講習を受けてCカードを取る。これからもますます増えていくだろう。

仲人役の私は、残念なことに仕事の都合で初めの何年かは手伝いに行くことができなかった。だからその頃のことは実はあまり詳しくは知らない。当時のビデオや人から聞いた話をもとに「ふーん」と頷きながら自分の中で想像している。数年後、思いがけない偶然でダイビング教室に関わるようになるのだが、それはまた次の章で書くことにしよう。

九章　再会

先生が倒れた

一九九三年九月、先生が急性心筋梗塞で倒れた。あまりにも突然のできごとに私はうろたえた。

その日、先生はダイビングの講習のために朝早く真鶴へ行った。いつものように準備をし、いつものように講習生を連れてサザエ根を潜った。一見していつもと何ら変わらない光景だったが、この時すでに先生の心臓は大変なことになっていたのだ。息が苦しい……何かがおかしい……長い間、海に潜ってきた先生の勘がそう告げていた。

おかしいと思いながらも潜り続けてエキジットしたあと、先生はゴロタの上にうずくまり激しく嘔吐した。胸の痛みと息苦しさを感じ、肺破裂を疑った。もう自分でタンクを背負う気力も体力もなかった。同じく講習生を連れて海に来ていたシーガルスの小林さんにタンクを持たせ、フラフラになりながらあの急な坂道を登ってショップに戻った。ウェットスーツを引き剥がすように脱いだ次の瞬間、ついに先生は倒れて動けなくなった。バスタオルを敷いてテラスで横になった。

やっぱりこれはおかしい。楽になる気配がない。講習生の車で小田原市内の知り合いの医院へ行った。平日で道路が空いていたのが幸いした。後部座席に横たわっている間はとにかく呼吸が苦しく、その時のことを先生は「ずっと口と鼻を手で押さえられていて、五分に一度くらいやっと一瞬息が吸える感じだった」と言っている。聞いているほうも苦しくなってしまう。検査の結果、急性心筋梗塞と診断され、ここから救急車で小田原市立病院へ運ばれた。

すぐにPTCA（バルーン療法）が施された。足の付け根の血管から心臓に向けてカテーテルが通される。やがて患部に到達し、狭窄した血管の中でバルーンが膨んだ瞬間、ふーっと全身が楽になった。一命を取り止めて処置室から出てくる時には周囲にVサインを振りまいたそうだ。

私が第一報をもらったのはその日の夜だった。「こんちゃんと千秋ちゃんはナイスコンビね」と言った知人からだった。一緒に真鶴へ行く約束をしていたものの、海の話に夢中だった先生と講習生は迎えに寄るのを忘れ、その人の家を素通りして来てしまった。仕方なくタクシーを呼び、予定よりもだいぶ遅れて海へ来たら、朝の件を問答する暇もなく先生が倒れたのだそうだ。

「高坂へ連絡してくれって言ってたわ」

今日起こったことの一部始終を聞いたあと、私は反射的に矢原さんに電話をした。誰かにすがらなければ、とてもひとりでは事実を背負いきれなかった。

翌日、集中治療室の先生をお見舞いした。面会時間の制限と私自身のショックのため、三十秒くらいしか話ができなかった。泣いてはいけないと思いつつも、私はベッドに横たわる先生の姿を見て泣いてしまった。

「おれはもう大丈夫だから。泣くなよ、バカヤロー」

バカヤロー？　いつものド迫力には欠けるものの、この響きを聞いて私は少し安心した。

まもなく一般病棟に移ってから初めて病室を訪れた時のこと。

「あー、来た来た。おれの器材とウェットスーツがそのまんまになってると思うんだよ。講習生のところにあるはずだから、おまえ、すぐ行って洗ってこい。いやー、倒れてからずっと気になってたんだ。今度おまえが来たら言いつけようと思ってた」

開口一番に先生はこれだけのことを一気に喋った。「遠くからご苦労だね」とか「よく来てくれたな」とかほかにまず言うことがあるだろうに！　でも本当はその海に対する執念が私にはうれしかった。海の話題を口にする先生も生気に満ちていた。

その日は知人の厚意で小田原に泊まった。

そして翌日（日曜日）の朝、私は張り切って器材を洗いに行った。場所は市内のあるお寺。あの時の講習生はそこのご住職だったのだ。お寺の庭で塩をかぶったままになっていた器材とウェットスーツをじゃぶじゃぶ洗い、物干場にそれらをずらーっと干した。再び海で使われる日が一日でも早く訪れますように……と思いながら。

先生はタバコも吸わないしお酒も嗜まない。高血圧でも肥満でもない。前兆らしいものもなかったという。だから突然心臓で倒れるなんて本当に信じられないことだった。邦ちゃんと一緒に潜っていた頃、私のことを怒鳴り過ぎたのではなかろうか。でもあとになって考えてみると、「そういえば……」と思い当たるふしはある。

九月に入ってまもなく、大磯プリンスホテルでジャック・マイヨール氏（故人）を囲んでのパーティーがあった。邦ちゃんが氏に花束を手渡す感動的なシーンもあった。まずこの準備に先生は大忙しだった。海で倒れる数日前には下田へ行き、御子元島で一緒に潜っていた。ここは逆らって泳ぐのはちょっとキツイかなというくらいの潮流があり、私もいつもよりエアーの消費が多かった。ところが先生はそれ以上にたくさんのエアーを使っていたのだ。普通ならあり得ないことに私はギョッとした。残圧計が壊れているんじゃないかと思ったほどだ。

私がこの時点で異変に気づいていたら……。でも先生に限ってまさか……という思いがかすかな疑念を打ち消してしまった。パーティー会場や下田で撮った当時の写真を見てみると、そこに写った先生は明らかに疲れていて顔色も悪く、やつれているように見える。これも前兆のひとつだったのかもしれない。

「足腰が弱ったらダイビングはできない」

入院中、先生は体力が落ちてダイビングに影響することを恐れ、病院の一階から七階までの階段を往復して体力づくりに励んだ。そういえば私も足を手術した時に松葉杖で同じことをした。退院してからの生活、そして海に復帰するための情熱と執念だった。もしかしたら先生と私は思考回路や性格が根本的に似ているのかもしれない。

病院の公衆電話で打ち合わせを重ね、年が明けるとすぐにラポールのダイビング教室が始まった。現場レベルのことは小林さんに任せ、先生は受講者と一緒にプールに入って泳ぎ、潜った。快復したとはいえ先生の心筋の何パーセントかは壊死したままだ。再び発作を起こさないとも限らない。医者からも「当分ダイビングはダメ」と釘を刺されていたらしいのだが、ゼロからスタートしてみようという試みを実践したのだ。そして無理をしなければ大丈夫、むしろダイビングには心身のリハビリ効果があるということを自ら実証した。

「この時の経験が、今日の障害者ダイビングの原点になった」

首からニトログリセリンの入ったペンダントをぶら下げながら、先生はいつも力を込めて言っている。

二月には、小林さんと大学病院の看護婦さんを従えて伊豆の海に潜っていたそうだ。

恩返しの時

一九九七年三月に自衛隊を退職した。この間に結婚して姓も変わっていた。退職後、半年ほど平塚市に住んでいたことがあった。海がすぐ近くにあったので、私は毎日のように防波堤の上で体育座りをして波の音を聞いていた。東海大学も近かった。無性に懐かしくなってある日先生に電話をした。季節は冬、ラポールでダイビング教室が開かれている時期だった。

日頃のご無沙汰を詫び、近況報告をしたあとで、私は先生からある人の話を聞いた。

「おまえ、湯澤さんって知ってるだろ？　今、ラポールに来てるんだけど」

知っているも何も、湯澤さんは私が在職中に大変お世話になった人だった。定年間近の公務中に脳梗塞で倒れ、右半身が不自由になった。湯澤さんの経歴を聞いた先生は私との接点を直感し、「教え子に海上自衛官になったのがいる」と話したそうだ。もちろん湯澤さんも私のことをよく知っている。

「おまえも手伝いに来いよ」

先生に誘われ私も喜んで即答し、翌週からラポールに行くようになった。

湯澤さんとは思いがけない場所での思いがけない再会だった。在職中、私が近藤先生のもとでダイビングをしていたなどとひと言も話したことはなかったのに。湯澤さんが偶然ラポールのダイビング教室に参加したことで、私は再び障害者ダイビングと関わりを持つようになったのだ。不思議な巡り合わせを感じずにはいられなかった。

今の私にできることはダイビングしかない。鶴の恩返しほど美しくはないが、「部下の恩返し」はダイビングで果たすことにした。

ラポールのダイビング教室の始まりとともに『ヨコハマ・ドリーマー・ダイビング

クラブ』が生まれた。教室の修了者が主なメンバーで、それはまるで同窓会のようだ。このドリーマーの面々と何度かダイビングツアーをともにしたことがある。国内では伊豆や沖縄、海外ではセブ（マクタン）島へ行った。セブではいつも『アクエリアス・ダイバーズ』というショップにお世話になる。体が不自由な人のための特別な施設があるわけではないのだが、ここのボスとチヒロさん、出稼ぎの小宮さんの存在が居心地を良くしてくれる。現地のスタッフもみんなやさしくて力持ちで頼もしい。日本から近く、もちろん海もすばらしいので海外ツアーの行き先がほとんどいつもセブなのもみんな納得なのだ。

私が今までの経験をいかしてダイビングのお手伝いをさせてもらうことは、手間暇をかけてじっくりと（そしてビシバシ！と）育ててくれた先生への恩返しでもある。と言っても大した実力はまったく伴っていないのだが、邦ちゃんと潜った経験の中で学んだこと、先生から教わったことを応用して、これから潜ろうとしている人たちの力になれたらそれでいいと思っている。教わったことをいかすことが、教えてくれた人への恩返しだ。

やっと恩返しらしきことができるようになった。

沖縄で再会

一九九九年十月、当時尼崎に住んでいた私のもとにバリアフリーダイビング沖縄ツアーの案内が届いた。早速封を開けてみた。ドリーマーのメンバーを中心にそのほかの有志、彼らをサポートする助っ人陣など結構な人数のツアーだった。邦ちゃんも参加するという。久しぶりにみんなにも会いたかったし「ならば私も！」と即参加を決めた。そして出発の日を指折り数えて待った。

当日は伊丹空港から飛行機に乗り、午後に東京からの本隊と那覇空港で合流した。東京便が着陸してからみんながゲートに出てくるまでの時間がとても長く感じられ、先に到着していた私は「まだかまだか」と到着ロビーでソワソワしていた。落ち着いて本を読んでいるふりをしていたが実は全然読書には集中しておらず、心は完全にみんなとの再会方面へ飛んでしまっていた。

ガラス越しに一団の姿が見えた。邦ちゃんと、みんなを見届けた先生は一番最後に出てきた。どちらからともなくまずは再会の握手をした。懐かしい顔ぶれ、初めて会う人たち、そして邦ちゃんファミリーと先生……、とてもうれしい瞬間だった。

一行は二台の大型バスを借り切るほどの大所帯だった。向かうは恩納村にあるムーンビーチホテルだ。夕方近くにホテルに着き、一度大きな会議室のようなところに全員が集まって、主催者からこれからの日程や部屋割り、ダイビングの時のグループ編成などについて一通りの説明があった。ダイビングのグループは出発前から決まっており、障害者二、三人に対しサポート隊としてインストラクター、またはダイブマスターと現地のガイドが付くという編成だった。さらに、ダイビングはしなくてもボートの上や陸上で着替えや移動の手伝いをしてくれる人も何人か付いた。その人たちだけでのミーティングも行われた。

前もって宅配便で送っていた荷物を受け取って部屋に行った。邦ちゃんファミリーと同じ部屋だった。基本的に四人部屋なので三人家族の鈴木家に居候として私が首尾よく納まったのである。愛娘の麻衣ちゃんはもう小学二年生になっていて、学校をお休みして教科書持参で沖縄へ来たとのことだ。とりつかれたように九九の暗記をしていた。「学校サボってきたのは誰だっけ？　ハイ、（九九の）七の段をもう一度！」。みんなのアイドルは周囲から露骨にからかわれていたが、よく食べ、よく泳ぎ、よく笑い、充実した課外授業をしていたようだ。スキンダイビングもとても上手で、大学生のお姉さんたちに負けないくらいサンゴ礁の海にグイグイと潜っていた。

もうそろそろ夕食の心配をする時間になっていた。麻衣ちゃんと「腹減った」を連呼して食事の催促に励んだ。私がまだ下でミーティングをやっている間に、邦ちゃんパパはホテル内のレストランを探索し情報収集をしていたようだ。

「今日は琉球料理！」

経理担当部長の一声で夕食のメニューは決まった。

ツアーには東海大学の学生も何人か参加していた。彼らもまったくのボランティアで、自分でアルバイトをして旅費を作り参加してきたという。

朝食と昼食はツアー料金に含まれているが夕食は実費だ。そこで彼らは揉み手をしながらあっちの部屋こっちの部屋とホテルの廊下をうろつき、スポンサーを求めて営業活動をする。

邦ちゃんのところにも同じダイビングチームの助っ人である二人の女の子がやってきて、一緒に食事をすることになった。昼に現地の友人と一緒に公設市場で食べた庶民的沖縄料理とは違い、こちらはかなり高級っぽい食事だった。ステージではご当地の歌や踊りも始まった。

「苦しゅうない、ちこうよれ」

　邦ちゃんは妻と娘、愛人一号二号三号に囲まれ、ご機嫌の顔で泡盛をぐびぐび飲んでいた。麻衣ちゃんは豆腐ヨウがお気に入り。なかなかの食通らしい。

「パパ、ごちそうさまでした！　じゃあね」

　会計をしている邦ちゃんに元気に挨拶をし、食い逃げのように部屋に戻ってからは、私はしばしダイビングモードに入った。

「千秋ちゃん、プールへ行こうよ」

　夜になってますます元気度が増してきた麻衣ちゃんがしきりに絡まってきたが、それを少し待ってもらって明日のダイビングの準備をしたのだ。邦ちゃんのスーツケースを開けて器材一式とウェットスーツ、そのほか必要なものをバッグに入れる。自分の準備もしていつでも出発ＯＫの状態にしておく。きっと明日の朝はやることがたくさんあって忙しいだろう。急な用事ができるかもしれない。だから今のうちに準備だけはしておいて、朝は暇人でいようと思っていた。

　邦ちゃんは先生か私が一緒でないと潜らないと言ってくれる。

うれしいような、くすぐったいような、それでいて身が引き締まるようなズシリと重い言葉だ。

明日は邦ちゃんのダイビングに集中しよう。私はそのために沖縄へ来たのだから。

翌日はまだ太陽が昇る前の本当に早い時間に目を覚ました。

冷蔵庫のミネラルウォーターをラッパ飲みし、そーっと部屋を出てホテルの周りを散歩した。

朝靄が晴れて、もうみんな起きただろうという頃を見計らって部屋に戻り、邦ちゃんを急かして朝食を食べに行った。

あったかいデニッシュとコーヒーとオレンジジュース、それにグリルしたソーセージと、てんこ盛りのフルーツ。私にとってのすばらしき黄金の朝食だ。エネルギーをたっぷり補給して元気をつけた。

前日準備した器材や荷物を指差し確認して、二つのメッシュバッグを両肩にかけ、「背が縮む～」と言いながらホテルに隣接のダイビングショップの玄関前まで運んだ。人間もぼちぼち集まって来ている。顔を合わせるとみんな思わず笑顔になる。何となく笑ってしまう。私はダイビングが始まる前のこういう時間が大好きだ。

ここからボートが係留されている桟橋まで器材は軽トラック、私たちは約十分の徒歩でゆっくり移動した。

道中、真っ赤なハイビスカスやその家によって微妙に違うシーサーを観賞しながらご当地独特の情緒も楽しんだ。

車椅子の人や足が不自由な人にとってボートの乗り降りは大変な運動だ。力のある男衆や陸上助っ人軍団の学生たちがパワーを発揮し、協力し合いながらひとりずつ慎重にボートに乗せた。

邦ちゃんは私がおぶった。退職して有閑マダムとなった今でも体力だけはまだまだ健在のようである。

ボートでの移動は一時間以上かかると聞いていた。

初めはデッキに座って先生や邦ちゃんや学生を相手にバカ話をしていたが、私は早い段階で準備を始めようと密かに思い、早めにウェットスーツを着てフィンやマスクやブーツの小物を揃え始めた。

バディ復活

我がダイビングチームは邦ちゃんと松坂さん（視覚障害）、私、現地のガイド・カオリちゃん（『マリンステイション海楽園』のスタッフ）の四人が海に入るメンバーだった。このほか昨夜一緒に琉球料理を食べたふたりの学生が助っ人として控えている。女の子とはいえ、ひとりは柔道家なのでパワーは期待できる。

邦ちゃんと私、松坂さんとカオリちゃんがバディを組むことになった。自己紹介をし合い、ダイビングプランについても確認し合い、少しでも不安なことがあればその場で解消できるように努めた。

特にカオリちゃんと松坂さんは初対面で初めてバディを組む。

松坂さんにはジェスチャーが見えないので、水中で上手くコミュニケーションを取るためのサインもお互い理解しておいたほうがいい。潜ってしまってから困るよりも、事前にできるだけのことをしておいたらより楽しいダイビングができると思った。例えば肩を一回叩いたらＯＫ、二回だったらダメ、右手を引いたら右に移動などのように。これには決まったマニュアルはないから、双方でわかりやすいサインを決めればいい。

カオリちゃんはさすがプロ、その辺のことをとてもスムーズにスマートにやってくれた。

ボートの艫からアンカーを下ろすとのことだったので、邦ちゃんチーム、松坂さんチームがそれぞれにアンカーロープを使って潜降し、下で合流する。エキジットも基本的にはバディ毎に、という一応の約束をした。だからエントリーから潜降までと、浮上からエキジットまでの段取りについてはバディ毎に話し合った。

障害を持った人と一緒に潜る時は特に、事前の打ち合わせをしっかりやってお互い納得しておくことが大事だと思っている。海に入ってしまってから「えーと、どうしよう?」と迷ったり、サポートする側が一方的に強引にリードしたりするのでは、サポートを受けるほうも次は何をされるのかと不安だろう。もちろんいつも打ち合わせ通りにいくわけではないので第二案、第三案を用意しておくのがベストだ。確かな技術に基づいて潜る前にダイビングプランについて話し合い納得していれば、そこには信頼感が生まれる。お互いヘンに緊張せずリラックスしていられると思うし、余計な力を使わずに済むような気もする。

サポートする側が良かれと思っていることでも、それを受ける側にとっては怖いこと、危険なこと、やってほしくないことだったりする。邦ちゃんも危険なことに関してはとても敏感なので、ちょっとでも不安があると「そうじゃなくて、こうしてくれたほうがいい」ということを具体的にリクエストしてくれる。遠慮して妥協したり我慢したりはしないので、こちらも安心して、自信を持ってサポートできるのだ。そのためにも事前の話し合いというのは大事だと思う。

障害のために思い通りに体を動かせない人でも、どんなふうに海に入るのか、どんなふうに潜るのか、海から上がる時はどうするのか……などをあらかじめイメージすることができたら、リラックスするところと頑張るところの力の配分が自分のペースでできる。サポートする側にとっても、どんな時にどのくらいのサポートをしてあげたらいいのかなどを把握することができる。結果として両者にとって一番負担のない、それでいて安全で楽しいダイビングができると思うのだ。

一緒に潜る人の障害の度合いや体力、その日の体調、海の状態、経験、(タンクの)本数など、ダイビングに関する条件はいつも違う。でも、たとえ初めてバディを組んで潜るような場合でも何気ないおしゃべりをしながらお互いのことをよく知り、ダイビングプランについてよく話し合うことが強い信頼を生むのだと思う。海に入る前の準備の段階からもうダイビングは始まっているのだ、などとエラそうなことをほざいてしまったが、これは私が先生と邦ちゃんから涙と引き換えに身をもって教わってきたことだ。

私はただ怒られて泣いていただけのサルではない。泣くたびにちゃんと学習していたのだ。

さて、沖縄の海に話は戻るが、邦ちゃんはとても久しぶりのダイビングなので「浅場でゆっくり魚と戯れたい」ということを先手必勝的におっしゃった。松坂さんも色の濃淡が少しわかるくらいの視力なので、カオリちゃんと作戦会議をして、ふたりがサンゴ礁を存分に楽しめるように「太陽の光がサンサンと差し込む明るい浅場で、のんびりフィッシュウォッチングをしましょう」ということにした。水深が浅いと海が明るいだけでなく、潜水時間も長く取れる。

準備が整ったところで、先生が見守る中、まず私が先に器材をフル装備して海に飛び込んだ。アンカーロープ周辺が混雑する前にイの一番に潜ってしまおうと企んでいたのだ。邦ちゃんの器材も水面に下ろしてもらい、BCに空気を入れて浮かばせて待機した。邦ちゃんはマスクとシュノーケルとフィンをつけてボートの艫からずりずりっと海に入った。手作りのサスペンダー式のウエイトもすでにつけている。待機していた私は水面で邦ちゃんに器材を装着し、その後アンカーロープづたいに耳抜きをしながらゆっくり潜降した。

久しぶりのバディ復活だ。

ダイビングに関してはたぶん奥さんの正子さんよりも邦ちゃんのことを知っていると思う。私は潜る時限定の邦ちゃんの女房として認定されている。松坂さんとカオリちゃんももう一本のロープを使いほぼ同時に入った。

潜ってしまえばあとはいつでもすーっと手を差し伸べられる距離を保ちながら、自分で中性浮力をとって楽しく遊ぶだけだ。

「海の中では体が軽いから。自由だから」

障害を持った人（特に脚が不自由な人）の多くはダイビングの魅力をこう表現する。中性浮力を上手くとって味わう浮遊感は、陸上の重力から心身を解放してくれる。実際、脚が不自由で歩行も杖に頼っているある女性は、海の中でフィンを外し砂地の上を両手を大きく振って歩いていた。普段は車椅子で過ごしている邦ちゃんも、海の中では全身の関節や筋肉を動かして巧みに泳ぐことができる。スピードはとても遅いけれど、それは陸上では味わえないステキな刺激なのだろう。

邦ちゃんは海の中を自由に泳ぎまわり魚と戯れていた。

クマノミやミスジリュウキュウスズメダイ、オヤビッチャなど、こういう色の濃淡のはっきりした魚なら……と思い松坂さんのほうを見ると、たしかに彼の視線は魚の動きに合わせて動いていた。

次の瞬間、私とカオリちゃんの目が合った。私たちはOKサインを交わして一瞬笑った。

エキジットは水面で邦ちゃんの器材とウエイトを外してしまい（ただし、マスク、シュノーケルはつけておく）、舷にかかった梯子を使った。外した器材とウエイトはボートの上で待機していた助っ人に引き上げてもらった。

私はまだ自分の器材を背負ったままフィンだけを外して邦ちゃんの後ろに背後霊のように張り付き、梯子に手足をかけて邦ちゃんが後ろにひっくり返って海に落ちないように体を張った。そして、両腕の前腕部に邦ちゃんをそっくり乗せてさながら人間フォークリフトとなり、「せーのっ、ふりゃーっ！」と息を合わせて甲板まで登った。

周りを見渡すともうみんな上がっていた。再び海に飛び込んでシュノーケリングを楽しんでいる人もいた。私たちは一番早く入って一番あとに上がった、ということはやっぱり一番長く潜っていたようだ。

今までの経験から言って、エントリーとエキジットがスムーズにできたらそのダイビングはより楽しいものになると思う。一番難しく、一番体力と技術を必要とするところでもあるのだが、これが上手くできたら耳抜きも中性浮力もすべてが上手くいくような気がする。そのためにも陸上（あるいはボート上）の助っ人の存在、水中と陸上の連携は欠かせない。

障害を持った人とのダイビングでは水中よりもむしろ陸上で力を必要とする場面が意外と多いのだ。自分はダイビングができないから手伝えない、ということはない。一緒に潜る人のダイビングの技術そのものももちろん大事だが、こうした水際の技術やパワー、チームワーク、そして陸上やボート上で待機して器材や人間を引っ張り上げてくれるマンパワーも同じように大事だ。

「海がきれいだった」とか「魚がたくさんいた」など、ダイビングの楽しい記憶というのは実際に潜っている時間の中に集中する。だからエントリーとエキジットの記憶があとに残らないくらい、それがスムーズなものでなくてはならないと思っている。

沖縄では二日間、ダイビング三昧だった。

台風にも当らず、暖かく、海はきれいで本当にラッキーだった。

日頃の行いが大変よろしい人たちばかりだったのだろう。寝食をともにし、ダイビングという共通の楽しみと話題を通じて交流が深まり、また新しいお付き合いも始まった。

障害があってもみんな日頃から積極的に旅行などに出かける行動派ばかりだったが、長い時間飛行機に乗って沖縄まで行き、自宅とは勝手の違うホテルに宿泊し、仲間とワイワイやりながら二日間ダイビングを楽しんだという非日常的な事実は人生のどこかで必ず大きな自信や勇気につながると思う。お手伝いさせてもらった私たちも、みんなの笑顔を見て大いに笑って深い喜びを感じた。今回は縁の下の力持ちでいようと自分に言い聞かせて参加したはずの私も、実際には縁の下どころか煌々と日の当るところでしっかり楽しませてもらったツアーだった。

最終日は空港までまたバスで移動し、みんなが売店を片っ端から物色している間、私は先生とお茶を飲んでいた。

今回は一度も怒られなかったし泣くこともなかった。寝ている時以外はいつも笑っていた。

琉球料理がすっかり気に入ってしまった麻衣ちゃんは、お母さんにヤギの肉が入ったスープの缶詰をねだっていた。

「肉は沖縄の言葉でシシっていうさー」

小学生を相手にとっておきの知識を自慢したら、「ニク十八、シシ十六」と何の前置きもなしに真顔で切り替えされた。私はそれ以上突っ込むことができなかった。

帰りも別便だった。東京行きのほうが早かったので、私はゲートの手前でみんなを見送った。

先生からの「ありがとう」のひと言がとてもうれしかった。

それから伊丹行きの出発までは売店をウロウロしながら過ごしたが、急にひとりになった私は飛行機に乗ってからも、家に着いてからも、何だか気の抜けたサイダーのように（この表現は古いかもしれない！）ボーッとしていた。三週間後には、夫の転勤で横須賀に戻ることが決まっていてまたすぐにみんなとも会えるのに、数日間は重い脱力感の中で過ごした。

　邦ちゃん、また南の島のサンゴの海で一緒に潜ろうね。だって私たち、最強の、永遠のバディだもの……。

十章　海で笑おう

新しい出会い

沖縄から帰ってきてまもなく、私は一年半暮らした尼崎から横須賀に引越してきた。年が明けてすぐに始まるラポールのダイビング教室にも、再びお手伝いで参加させてもらうようになった。

毎年毎年新しい出会いがあり、新しい発見がある。邦ちゃんや今まで一度でも一緒に潜ったことのある人に関してはその人に応じた潜り方というのを私なりに心得ているつもりだが、受講者は毎年入れ替わり、当然それぞれの障害のレベルや体力は十人十色、多種多様だ。あるひとつの方法がみんなに通用するというものではない。障害者ダイバーが百人いたら百通りのやり方がある。マニュアルの基本的なところは変わらなくても、Aさんに適した方法がBさんにもそのまま使えるとは限らないのだ。前回のやり方が今回も同じ人に使えるとは限らない。また同じような障害であっても、その人の持つ体力や性格によってサポートは変わってくる。エントリーやエキジットで注意する点も違うし、水中で本人がとれる姿勢や動きも違う。どこまで自分の力でできるのか、どこからがサポートを必要とするのか、そのラインもみんな違う。

邦ちゃんの時もそうだったように、ダイビングの技術的なマニュアルは障害や体力に合わせてそれぞれが創りあげていくものだと思う。トレーニングの過程で試行錯誤をしながら、あくまでも基本的なところをしっかり押さえた上で柔軟に応用を利かせていけばいいのだ。理屈や能書きではない。ほかの人と比較することでもない。話し合いや実践を重ねて一番いい方法を探り出し、それを自分のものにすればいい。信頼関係はその過程や延長線上におのずとできあがってくるはずだ。

技術的なことはひとりひとり違っていて当然でも、海を楽しむ気持ち、楽しく潜ろうという気持ちはすべての人にとっての共通項だと思う。徹底的に魚の生態を観察したり、それを写真に撮ったり、また私のように単純に中性浮力を楽しんだり、海はその目的に応じてさまざまな形でダイバーを楽しませてくれる。そして大きな感動や喜びをもたらしてくれる。

それまで面識のなかった人同士がダイビングを通じて親しくなることも多い。どんどん人間の出会いが広がっていくのはとてもすばらしいことだ。これは障害のあるなしには関係ない。日頃一緒にダイビングをしている仲間たちは年齢の幅が実に広く、私のお父さんお母さん、兄弟姉妹、同年代の友人などすべてに相当する人が何人かずついる。本当にひとつの大きな家族のようなものなのだ。その中で先生は長老として崇められている。

彼らに対して私はダイビングをする際のお手伝いをさせてもらっているが、彼らからも多くのことを学んでいる。障害を理由に何かを諦めるのではなく「じゃあどうしたらできるのだろう」と前向きに考える、その大切さとすばらしさを教えられた。

ダイビングをしていなければ、障害を持った人と接する機会はこれほど多くなかっただろう。街で車椅子の人や白杖《はくじょう》を持った人を見かけた時、以前は「何か手伝うべき？　手伝わなければ」という迷いや過剰な正義感のようなものがあったが、最近では（良い意味で）何も感じなくなった。

手話を覚えようと思ったのも、やっぱり仲間の中に耳の不自由な人がいたからだ。手話ができたらいつでもどこでも何でも話せる。

沖縄ツアーの時、耳の不自由な女性が健聴者の彼氏と一緒に参加していた。ふたりは流れるような手話を使ってどう見ても必要以上に愛を語り合い、映画のタイタニックのようにボートの舳先に立って虹色の世界を作っていた。周囲はそれを微笑ましく眺めていたのだが、少しでも手話ができたら私たちも彼氏の通訳ナシにもっと会話ができるのに、と思った。私も五十音の指文字と簡単な挨拶くらいしか知らなかったので、もっと覚えたいと一念発起して手話の本を買った。

聴覚障害の人は手話ができる。一緒に潜る人も手話ができたら、いちいちボードに字を書かなくてもかなり正確な会話ができるのだ。だから手話を知らない健聴者の何倍もダイビングが楽しいのではないかと思う。騒音の中でも図書館のようなところでも会話ができるのだから、手話はとても高度なコミュニケーションの方法だと思う。苦し紛れの怪しいジェスチャーでも、耳の不自由な人はこちらの言わんとしていることを読み取って理解してくれる。筆談という手もある。でもやっぱり、いつでもどこでも手軽に手話ができたらいいなぁと思い、一進一退ながらも時々本を開いている。

毎年新しい出会いと発見があると言ったが、この発見の中には自分の力足らずを痛感するという意味も含まれている。いつも十分な準備をして潜ったつもりでも、決まってあとから「こうすればよかった、ああすればよかった」という事態になる。

一度くらい完璧にやって「どうだ、まいったか、文句あっか?」と腰に手を当てて言ってみたいものだが、なかなかそうはさせてもらえない。

「事故がなければいいじゃん、楽しければいいじゃん」というのはある意味では究極の目標と言える。でもそれがただの妥協の産物となってしまったら、人と人との信頼感は生まれないだろう。時にはどこかで妥協も必要だが、「まっ、いっか〜」とコトナカレ主義に走って先生をがっかりさせないようにしなくてはと思っている。「あのヤロー、もう破門だ！」ということになっては大変だ。

ジェラシー

仲間に嫉妬心を抱くことほど情けないことはない。でも私はその情けない経験をしたことがある。

バリアフリーという言葉がまだ一般的に使われていなかった頃から、先生と邦ちゃんと私がスクラムを組み手探りで道を求めてきたダイビング。はじめに小さなともしびが灯った。それは誰かが見守っていなければ消えてしまいそうな本当に小さな儚いともしびだったが、やがて邦ちゃんに続くたくさんのダイバーが生まれ、水陸両面で手伝ってくれる人も増えた。当時「こんなふうになったらいいなぁ」と描いた理想が現実のものとなったのだ。

最近ではインターネットでバリアフリーダイビングのホームページを見て、「私もダイビングをしたい」とか「ボランティアで手伝わせてほしい」というスタイルの参加も一般的になってきた。先生はどんな人も拒まない。「とにかく一度いらっしゃい」とみんなを歓迎する。鍵のない扉はいつも開けっ放しだ。ドリーマーの面々をはじめ、こうした人たちのための日頃のトレーニングの場として毎月一回、東海大学湘南校舎のプールを全面開放してもらっている。

みんな心底ダイビングが好きで、海が好きで、大勢の仲間とともに過ごす時間を楽しみに集ってくる。時間が許す限りプールでトレーニングをし、そしてワハハと笑いながら次回また会うことを約束して帰っていく。中にははるばる遠方から新幹線や飛行機に乗ってやってくる人もいる。年齢や職業、住んでいるところ、参加に至ったプロセスもさまざまだが、ダイビングという共通項を持ったとても楽しい仲間だ。そこには優越感も劣等感も肩書きも存在しない。障害のあるなしもまったく関係ない。

私が邦ちゃんと潜っていた頃はこんな組織めいたものは何もなかった。車椅子や器材を運んだり、一緒に潜ったりするのはほとんど全部先生と私とでやっていた。もちろんほかにも応援してくれる人、協力してくれる人などが大勢いて、彼らの目に見える力、見えない力に支えられていたのだが、実際にちょろちょろ動き回れる存在はというと私しかいなかった。必要とされていることに緊張と責任、喜びを感じていた。そして私はいつまでもいつまでもこの快感に酔っていた。

でも、もう以前のように「どうしても私が必要」ということはなくなった。今では私よりもはるかに経験豊富で体力もあり、技術的にも精神的にもタフで信頼できるダイバーが大勢いる。自分がいなくても誰も困らないというのは個人レベルでは確かに寂しいことだが、この人でなければダメ、あの人がいなければこれができないというのではなく、その時そこにいる人が誰でも同じようにサポートできることのほうが大事だ。

卒論に込めた願いが叶えられ、言い出しっぺのひとりとして喜びを実感している。

その一方でこんな現実に激しく嫉妬した時期もあった。

以前は先生を独占し、邦ちゃんのダイビングにも私が必要だった。なのに今は先生を取り巻く人が増え、もう先生は私だけのものではなくなってしまった。どうしても私がいなければ……というシチュエーションもない。先生とほかの人が海の話をしているのをたまたま隣で聞いていても、私にはさっぱりわけのわからない内容のものが多くなった。たまには昔のように一緒に潜りたいと思ってもなかなか実現しない。以前は私がやっていたこと、例えば先生の器材を準備したり洗ったり……をほかの誰かがやっていたりすると「それは私がやるの！　私の仕事なの！」と、刃物のような言葉を心の中で繰り返した。

私のことも構ってほしいと露骨に態度に表して空振りしたことも何度もある。「かつて確かに私はそこにいた。そして今もここにいる」ということを覚えておいてほしかった。先生と目を合わすことすら避けてますます孤立してしまった時期もある。生まれたばかりの弟や妹に親の愛情を持っていかれた時の感情に似ているかもしれない。親を振り向かせようとわざとイタズラをする子供のようだった。あんなに先生に怒られて泣いていた私なのに、その頃はあまりにも寂しくて涙も出なかった。

心の葛藤を持て余し、理性を超えて体の奥深いところから苛立ち、自分をますます追い込んでいた。苛立ちの矛先もいつも自分自身だった。いつでもどこでも図々しく眠れるはずの私が不眠に苦しみ、いつも両手に冷たい汗を滲ませたりしていた。

「私じゃダメなの？」という寂しさ、自信喪失……、大人げないジェラシーにひとり悶々としていた時期は本当に自分でも情けなく、無意味な感情を抱いたばかりか、それを態度に表してふくれていたことを恥ずかしく思っている。

このままではヤバイかもしれない。理性があるうちに何とかしなくては、と思った。

「おまえがいてくれてホント助かるよ」

かつて私を支えたこの言葉、喜びと元気をくれたこの言葉を私は望んでいた。たったひと言で重く沈んだ心はいっぺんにいえてしまうのに。それに「あの時、先生が心臓で倒れたのは私のせいかもしれない」という思いもずっと消えずにあるので、二度と同じことを繰り返さないようにと必死になりすぎていた。でも頑張っても頑張ってもすべてが裏目に出てしまいそうで、それがまた怖かった。

このひとりで勝手に悩んでいた時期は、どうしようもない気持ちを友人に打ち明けることで精神のバランスを保っていた。医者でありダイバーでもあるその友人は、吠えたり沈んだりしながら一方的にぶちまける私の話をフンフンと黙って聞き、大人の返事をくれた。

「今までやってきたことに誇りを持っていれば何も不安に思うことはないよ。千秋ちゃんにしかできないこともあるんだし、それを知っている人もいるんだから……」

私にしかできないことがある……。初心に戻れそうな気がした。普段の私の図太さをよく知っていた彼女は、激しく落ち込み全然笑わない私を見てぞっとしたそうだ。自分でもこんなに繊細な部分があったのかとヒトゴトのように思っていた。

彼女の口から「頑張れ」という言葉は一度も聞かなかった。落ち込んでいる人には禁句だという。

もし「頑張れ、頑張れ」と言われていたら、私の性格では本当に頑張ってしまい、ついにはプレッシャーに負けて大爆発を起こしていただろう。救われる思いだった。

私も大人になろうと思った。悩んだり嘆いたりしてもしょうがない。先生や周りの人に光が当るように自分は照明係に徹しようと思った。先生には私ごときに気を遣わせてはいけない。どんなに騒いだって暴れたって私には人様に自慢できるほどの経験も技術もないのだから、ウジウジと悩む資格だって本来ないのだ。唯一あるもの……先生と邦ちゃんと一緒に潜ってきた記録と涙の記憶は私だけが知っていればいいことだ。言葉で語らなくても、日の当る表舞台にしゃしゃり出なくても、私がやってきたことはダイビングを見てもらえたらわかる、と堂々と言える自分でありたい。

私もかなり平凡で単純な人間だから、人に認められたいとか誉められたいという欲求は確かにある。でもそれをひとつ乗り越えたところに自分を置いておきたいと思っている。とても不安定な格好かもしれないが、背伸びをしすぎて足がつったり、そこから転落したりしないように踏ん張っていたい。私は私。誰が見ていなくても自分にできること、自分にしかできないことを一所懸命にやるだけだ。そして自分である程度納得できたらそれでいい。

「あいつだったら何も言わなくてもおれの言いたいことがわかるはずだ。いちいち面倒見なくても自分で先を読んで行動できるだろう。だから放っておいても大丈夫」

先生が安心して私を放っておけるように、今までずっとやってきたことをこれからも淡々とやればいい。放し飼いにされた生き物は身が締まって味が濃い、というのが相場である。いざという時にいい味と力を発揮できるように普段からアイドリングをしておこう。葉隠の教えのようだが「いつでも私は準備OKです、リーチです」という状態にしておこう。

自信とは、文字通り「自分を信じること」なのだと思うが、同時に「自分が信じたこと」でもあると考えるようになった。これからも自分を信じ、自分が信じたことを迷いなくやっていきたいと思っている。

一連の嫉妬事件がなかったら、こんな境地には至らなかっただろう。誇り高き裏方として、つまらないジェラシーに悩んだ無意味な時間を少しでも取り戻したい。

大学を卒業してから先生の本格的な怒鳴り声を聞いていない。厳しかった頃のことを話しても誰も本気にしてくれないほど、先生はやさしいオニに大変身した。やろうと思えばいっくらでもサボれるし、手抜きもできる。でも私は、先生には後ろにも目がついていることを知っているので、サボることは考えずに今まで通りにやっていくつもりだ。お気に入りのビキニは私の勝負水着、ウェットスーツは勝負服?だ。

障害者と健常者?

私たちは障害者、健常者という言葉を普段何気なく使ったり耳にしたりする。障害のある人は障害者、そうでない人は健常者……。行政（福祉）などの面で考えると、障害者手帳を交付する上で障害者と健常者に二分する必要があるのかもしれない。言葉で表現するためにほかに適当な単語があるかと問われても、すぐには答えられない。

例えば「筋骨隆々で食欲旺盛、病気知らずのタフマンだけど、事故で片足を失って義足になったから障害者」、「何となくいつもかったるい。でも目は見えるし耳も聞こえるし、手足にも問題はないから健常者」……。単純に外見や障害者手帳の有無だけで、まるで相反するもののようにスッパリと二分されてしまうのはちょっと残念なことだ。私自身、ダイビングを通じて単に障害者、健常者という言葉では括りきれないすばらしい経験をたくさんしてきたのでなおさらそう思えてならない。

障害者手帳を持っている人でも中には力ゼひとつ引かないツワモノもいる。動く部位の筋肉を鍛え抜き、バリバリ仕事をし、旅行にも出かけ、アグレッシブに生きている人を私はたくさん知っている。もちろん障害に伴う複雑な合併症などがあって、およそ私には想像もできないような日々の苦労もあるのだろうが。

車椅子の人は上半身がとても強いし、眼の不自由な人は耳が敏感で、不自由な部分を補うための本能と努力なのだろうが、それらは「へぇー」とため息が出るほどシャープに研ぎ澄まされている。時々、両足が動かないことを疑似体験してみようと色気を出して、フィンキックをせずに両腕のプルだけで泳いでみることがある。目が不自由な人の気持ちになってみようという色気も出して、海の中でそっと目をつぶったこともある。にわか体験はどちらも長くは続かなかった。腕の力だけで延々と水中を進むのはきついし、見えないことは想像以上に怖いことだった。

また彼らに共通して言えることは、危険なことに関してとても敏感だということだ。私も手術の直後は危険予知能力がわずかに磨かれたが、体の不自由さを感じなくなった頃にはそれはすっかり萎えてしまっていた。

逆に健常者はどうか。障害者ではない人は健常者と呼ばれているが、そもそも健常者って何？　どういう人？　どんな健康オタクでも強健を豪語する人でも、一度くらいは病気で寝込んだりケガをして不自由な数日間を過ごしたことがあるだろう。また肉体的には健康そうに見えても、実は深刻な心の問題を抱えているかもしれない。誰でも一時的な障害者になり得る。私も手術のあとにはイヤというほどそれを経験した。

あれほど人の世話になっておきながらこんなことを言うのは甚だ図々しいのだが、私は車椅子の時も松葉杖の時も自分は障害者なのだと思ったことはなかったし、また常に健康だとも思っていない。

だから不思議な響きを持つこのふたつの言葉に接すると、いつも素朴な疑問にぶつかるのだ。

海ではみんなが同じ舞台に立つ。仲間の中に車椅子の人がいても、彼は障害者なんだから健常者である自分があれこれ手伝ってあげなければ……ということは全然ないし、障害者と健常者というボーダーラインもない。

だから本当はバリアフリーダイビングの「バリアフリー」という部分も取っ払ってしまっていいと思っている。

以前、こんな話をちらっと聞いて逆上しそうになった。

「ダイビングには障害者割引がないのか？」

お主、ぬわぁーにを言っておるか？と思った。

ダイビングは遊びだ。同じ料金を払い、同じ施設を使い同じ海に潜る。障害者だからといって特別何か大きな制限を受けたり、「あなたは障害者なんだからこれ以上楽しんではいけません」ということはない。見る魚の数だって種類だって同じだ。海に入るまでのプロセスや時間は多少違っても、ダイビングに対する気持ちや責任はみんな同じなのだ。

誰でも海に入ったらそれなりの責任を自分に課さなければならない。障害が重くて人の手を借りなければならない場合でも、タンクを背負って呼吸をするのは自分。サポートを得るタイミングを計って伝えるのも自分。調子が悪くてダイビング中止の判断をするのも自分。誰かに代行してもらうことではない。海を楽しむ権利がみんな同じである以上は、楽しむための義務も責任を持って果たさなければならないと思っている。

なかなか適当な言葉が思い浮かばないのでやっぱり障害者、健常者という言葉を使わざるを得ないのだが、障害者と健常者が何か同じことに挑戦した場合、同じように頑張っていても、健常者よりも障害者に対しての関心のほうが強い傾向があるという。これは私と同い年のある友人から聞いた話だ。彼は生まれつきの全盲で光を知らない。確かに何かひとつのことをするのにも、障害者は健常者の何倍もの努力と時間を要することが多い。でも目標に向かって努力する姿勢は誰でも同じだし、夢に近づいていく過程はたとえそれが困難なことであってもとても楽しいものなのに、障害を持った人がそれをやっていると人の目には「涙ぐましい努力」と映るようだ。逆に挫折や失敗をしても「障害があるんだから仕方ないよ」と妙な納得をされるという。

私はこれは心のバリアだと思っている。

その友人は目が不自由なこと以外は健康そのもの。彼にとっては見えないことが当たり前で、他人が心配するほど本人は不自由さを感じていない。負けず嫌いの努力家でもあるので、こうした「障害があるのに頑張っていてすごいですねー」とか「障害者だから……」「障害者なのに……」という先入観をことさら嫌っているのだ。

駅の階段や手すりのないトイレなどといった物理的なバリアよりも、「障害があるからああだ、こうだ」という見方のほうがよほど大きなバリアなのかもしれない。こういう考えが存在する限り、本当のバリアフリー時代は訪れないと思う。

素直に考えると障害があるよりはないほうが、重いよりは少しでも軽いほうがいいのかもしれない。いろんな場面での選択肢が増えて楽しみや可能性もより広がるだろう。でも障害のあるなしが必ずしも幸不幸を決定するとは思えない。

友達がたくさんいて愛する人もいて、仕事をして打ち込める趣味がある人は幸せだろうし、逆に「何のために生きているのだろう」ということばかり考える孤独な人は幸せが薄いと思う。

心身の障害に限らず日常の中で突き当たる壁やトラブルに対して、それを盾にツライことから逃げたり自分を過剰にガードしたりせず、前向きに活路を見出していける人は幸せなのではないだろうか。

海で笑おう

先生と邦ちゃんからは、ダイビングの技術だけではなくもっと大切な何かをたくさん学んだような気がする。あえて言葉にするとそれは『海のすばらしさ』と言えるかもしれない。

子供の頃から身近なところにいつも海があり、そのやさしさも怖さもしっかりと心に刻まれていた。青春時代に大きな転機を迎えた時も、やっぱり私は進むべき方向を海に教えられた。道の向こうには先生と邦ちゃんがいて私の居場所を作ってくれた。それはとても居心地のいい場所で、私はすぐにここで自分が集中してやるべきことを見つけることができた。車椅子の邦ちゃんが海に潜りたいという夢を叶えていくすべての場面に私もいて、楽しいことも大変なことも共感できた。そして気がついたらいつのまにか私もダイビングを覚えて一緒に潜っていた。海の偉大さも改めて知った。長い時間をかけて海の確かなすばらしさを全身で感じてきた。

その後、障害を持った多くのダイバーが邦ちゃんに続き、同時に先生の強い求心力に惹かれたたくさんの人たちがボランティアで手伝ってくれるようになった。

家の中で過ごすことが好きな人もいるだろうが、今まで家に閉じこもりがちだった人がダイビングを始めたことによって積極的に外出するようになったとか、人とよく話をしたりよく笑うようになった、という様子を間近で見ると「あー、やっぱり海は人をいやすんだなぁ」と思う。海には目に見えない堅い殻を破る力があるのかもしれない。

バリアフリーダイビングという言葉ももうすっかり定着した。障害のある人がマラソンをしたり水泳をしたり登山をしたりという例がたくさんあるように、スキューバダイビングもかなりポピュラーになってきたのではないかと思う。

例えば車椅子のタイヤが埋まってしまうような砂浜、更衣室やトイレに行く途中の階段やきついスロープ、思いがけない水溜り、濡れて滑りやすくなっている足場など、海には障害を持つ人にとっては不便で危険な箇所が多くある。スキューバダイビングの重たい器材を扱うことも、体に密着するウェットスーツを自分で着たり脱いだりすることも、障害の度合いによっては難しい。その人の努力だけではどうにもクリアできないこともあるが、そこの部分を誰かがサポートしてあげさえすれば、あとは海の中ではみんな同じ条件なのではないだろうか。どうしてもできないことは一緒に潜った人が補ったり、または全面的にやってあげればいいのだ。たったそれだけのことだ。先生と邦ちゃんもこうやって潜ってきた。おかしな遠慮をして自分は何かを我慢するとか、やってあげているとかやってもらっているとか、などという考えはどちらにも必要ない。みんなで感動や喜びを共有し、海で笑い合う仲間なのだ。

私は海のすばらしさと同時に、人間のすばらしさも知ったような気がする。

「人間って、何てステキなんだろう！」と心から思えるエピソードがたくさんある。それは映画や小説よりも説得力のあるリアルな感動だった。

海はみんなに平等だ。みんなにやさしく、みんなに厳しい。どんな慣れた人でも海を知り尽くしたつもりなどと勘違いをし謙虚な気持ちを忘れた時にはシッペ返しがくる。逆に、どんなビギナーでもきちんとルールとエチケットを守って接すればそれに応え楽しませてくれる。私はあのダイバーズ・ショックの日にこの両極面を体験した。

ダイビングを始めてからもう干支が一回りした。その間、先生や邦ちゃんがいないところでも国内外のいろんな海でいろんな人たちと潜り、毎回違う楽しさや感動を味わってきた。こんな楽しみ方もあるんだ……と目からウロコの経験も数多くある。魚の名前もだいぶ覚えた。ゲストとしての、上げ膳据え膳のお姫様ダイビングも楽しくてクセになりそうだ。でも「三歩以上は駆け足、準備はすばやく」などとつぶやきながら、両手にタンクを持って走り回っている自分のほうが私らしいかなと思ったりもする。そういう自分が大好きだ。

今でも時々、例の記録ノートをパラパラとめくってあの頃を懐かしむことがある。どのページを見ても当時を思い出すのに十分な活字の量があり、その日の潮の匂いや風の音までもがはっきりと甦ってくる。邦ちゃんがいいダイビングをして私もうれしかったこと、先生に怒られて泣いたこと、ダイバーズ・ショックのことなどを思い出し、初心の大切さを忘れまいとしている。

私はダイビングのテキストというものを持っていない。海が好きで、先生と邦ちゃんと夢中で潜っていたあの頃の記憶そのものが、私にとってのテキストだ。このテキストにはまだ余白がたくさんあるような気がする。だからこれからもタンク一本に心を込めて潜り、ますます経験を積んで少しずつその余白を埋めていこうと思う。

そして海ではいつも笑っていたいと思う。

あとがき

いつかは書くだろうと思っていました。多くの方々からの応援をいただきながらそれがようやく形になり、まずはホッとしています。皆さん、ありがとうございました。

今年五月、オーストラリアのケアンズへ行ってきました。グレートバリアリーフでナポレオンフィッシュのウォーリー君と戯れ、サンゴ礁の美しい成長を柏手《かしわで》を打って願ってきたのですが、旅の間「グレートバリアリーフ」と言うべきところを思わず「グレートバリアフリー」と言ってしまい、夫に「かなりイッてる」と笑われる場面がありました。

相変わらずバリアフリーダイビングのお手伝いをさせてもらっている私には、〝バリア〟の次に来る言葉は〝フリー〟だとインプットされているのかもしれません。

海がある限り、これからもダイバーは増え続けていくでしょう。パワーあふれる若者ばかりではなく、人生の大先輩たちも障害を持った人たちもダイビングを楽しみます。私の将来の目標も〝元気なダイ婆《ばあ》〟になること。そのためにもグレートなバリアフリーを……とグレートバリアリーフを潜りながら考えていたのであります。んー、ややこしい。

話は急に飛んで、引き続き七月には念願のパラオへ行ってきました。ここでの私はデジタルカメラに夢中。被写体に近づきすぎてたびたびピントがボケるという学習能力の無さにもめげず、「すぐに逃げてしまう魚にここまで接近できるのはスゴイことなのだ」と自分を励まして撮り続けていました。下手な鉄砲を数多く打ったうちの何枚かはバシッと的を射止め、やがて自己満足のポストカードになりました。

海には魅力があふれています。魚たちの怒ったり笑ったりしている表情を見るのも楽しみ、そこに集う人たちと出会うこともまた楽しみ。毎回違った期待や緊張があり、喜びがあり、何本潜っても新鮮です。

先生と邦ちゃんと潜っていた頃の多くの経験が、今はそっくり楽しいダイビングにつながっています。そして、海ではいつも笑っています。

二〇〇二年夏

川上千秋

著者プロフィール
川上 千秋（かわかみ ちあき）
1969年、青森県むつ市生まれ。
青森西高校、東海大学、海上自衛隊を経て、現在は自称“有閑マダム”？　大学生の時、スキューバダイビングと出会い、バレーボールのコートから一転、広い海へ飛び出した。好きな言葉「やればできる」。

海で泣いた 海で笑った

2002年10月15日　初版第1刷発行
2002年12月25日　初版第2刷発行

著　者　川上 千秋
発行者　瓜谷 綱延
発行所　株式会社文芸社
〒160-0022　東京都新宿区新宿1-10-1
電話　03-5369-3060（編集）
03-5369-2299（販売）
振替　00190-8-728265

印刷所　株式会社ユニックス

ISBN4-8355-4471-4 C0095